湖北省博物馆藏简牍丛书

# 九店楚简

### 普及本

伊强 编著

上海古籍出版社

**图书在版编目（CIP）数据**

九店楚简普及本 / 伊强编著. -- 上海 ：上海古籍
出版社，2024. 12. --（湖北省博物馆藏简牍丛书）.
ISBN 978 - 7 - 5732 - 1287 - 0

Ⅰ. K877. 5

中国国家版本馆 CIP 数据核字第 2024KU3848 号

湖北省博物馆藏简牍丛书

**九店楚简普及本**

伊 强 编著

上海古籍出版社出版发行

（上海市闵行区号景路 159 弄 1 - 5 号 A 座 5F　邮政编码 201101）

（1）网址：www.guji.com.cn

（2）E-mail：guji1@guji.com.cn

（3）易文网网址：www.ewen.co

上海惠敦印务科技有限公司印刷

开本 700×1000　1/16　印张 12.25　插页 4　字数 165,000

2024 年 12 月第 1 版　2024 年 12 月第 1 次印刷

印数：1—2,300

ISBN 978 - 7 - 5732 - 1287 - 0

K·3674　定价 58.00 元

如有质量问题，请与承印公司联系

湖北省博物馆藏简牍丛书

# 总　序

　　中国古代,在纸张普及以前,简牍是主要的书写载体。考古发掘的简牍集中于战国秦汉到魏晋,上承甲骨金文,下启纸质写本和刻本,流行时间约在公元前400年到公元400年之间。作为出土文献中的重要门类,简牍在中华文明发展和传承的脉络中具有重要的历史地位和独特的学术价值。

　　迄今为止,中国出土的简牍约30万枚,出土地遍布北京、河北、山东、内蒙、甘肃、陕西、青海、新疆、四川、重庆、湖北、湖南、河南、江西、安徽、江苏等省市。其中,湖北是简牍大省,出土简牍约3万枚,数量较多,内容丰富,保存较好。湖北省出土的简牍,共有9家单位收藏,其中以湖北省博物馆的收藏最有代表性。

　　湖北省博物馆作为中央地方共建的国家级重点博物馆,荆楚文化中枢和"国家文化客厅",馆藏文物达46万余件(套),其中收藏简牍文物约2 300枚,包括楚、秦、汉简牍等。曾侯乙简为考古发掘出土最早的竹简,为战国时期的名物、职官和曾楚关系研究提供了重要材料;郭店楚简《老子》,是已知最早版本的《老子》;包山楚简内容丰富,纪年明确,涉及楚国司法、历法、职官、地理等多方面内容,尤其是有关楚先祖祝融、老僮、鬻熊的记载,为研究楚人世系提供了新证据;云梦秦简是我国最早考古发现的秦简,也是我国已知最早、最完整的法典,对研究秦代政治、经济、军事、文化有重要学术价值。黑夫木牍为已知最早家信,从中可窥见秦统一中国大背景下普通人的家国情怀。除了这些独特性和唯一性,这批简牍当中还涉及各时期的官府文书、卜筮祷祠记录等,为研究战国、秦、汉时期的政治、经济、法律、历史、地理、文字、书法提供了宝贵资料。

长期以来,湖北省博物馆高度重视出土简牍的保护。我馆自1971年就建立实验室进行竹简脱水试验,由原馆长陈中行研究馆员主持的"乙二醛脱水加固定型古代饱水漆木器"科研项目获文化部科技进步一等奖、国家科技进步三等奖。2004年,"出土木漆器保护国家文物局重点科研基地(湖北省博物馆)"获批成立,简牍文物保护水平全国领先,特别是木漆器脱水和矫形加固方面成绩斐然。2021年11月,湖北省博物馆依托"出土木漆器保护国家文物局重点科研基地"设云梦工作站,安排专业团队蹲点对郑家湖墓地出土的700余件木漆器进行处理,其中部分文物已在云梦县博物馆基本陈列中展出,如"中华第一长文觚"等。

同时,湖北省博物馆不断加强出土简牍的研究。近年来,湖北省博物馆与武汉大学简帛研究中心等单位合作,利用红外成像等先进技术,重新对馆藏简牍进行拍摄,先后出版了《楚地出土战国简册合集》《秦简牍合集》《望山楚简(普及本)》等学术成果,为学术研究提供了新材料,推动了历史学与古文字学等相关学科的发展。

在保护与研究的基础上,湖北省博物馆还致力于出土简牍的展示利用。从2007年推出的"书写的历史——秦汉简牍",到2024年举办的"惠此简书——睡虎地秦墓出土简牍",代表了湖北省博物馆简牍展示理念的创新。2017年,《国家宝藏》重点介绍了云梦秦简。2024年,《简牍探中华》推出《云梦睡虎地秦简》专题,展示睡虎地喜、衷、黑夫、惊等4位小人物的家国情怀,让观众共情。节目还首次发布了由湖北省博物馆等单位通过科技手段复原的"喜"的头像,拉近了简牍与普通人的距离。节目播出后,湖北省博物馆及时跟进,组织"喜"复原头像现场发布会、扮演"喜"穿越古今、举办高端讲座、推出社教专题、举办"喜"穿古今——对话古今法律文化等系列活动,并开发了《为吏之道》镇纸以及法文化凸版印刷机等特色文创产品,让小众的秦简文化得到更为广泛的传播。

2018 年 4 月 27 日,国家主席习近平同来华进行非正式会晤的印度总理莫迪在湖北省博物馆参观精品文物展。习近平指出:"荆楚文化是悠久的中华文明的重要组成部分,在中华文明发展史上地位举足轻重。"2024 年 11 月 4 日,习近平来到孝感市云梦县博物馆(湖北省博物馆云梦分馆)参观出土秦汉简牍展。习近平详细听取简牍内容、历史文化价值和保护研究情况介绍,指出要继续加强考古研究,提高文物保护水平,为弘扬中华优秀传统文化、增强文化自信提供坚实支撑,让中华文明瑰宝永续留存、泽惠后人,激励人们不断增强民族自豪感和自信心。习近平总书记的重要讲话体现了对荆楚文化和文博事业的深刻关切,为湖北文化事业的高质量发展指明了方向、厘清了思路、提供了遵循。

由于出土简牍都是晦涩难懂的古文字,普通观众要了解其内容非常困难。为加强简牍文化的普及,除上文提到的展示利用外,从 2019 年开始,湖北省博物馆着手策划《湖北省博物馆藏简牍丛书》,组织专业人员用读者喜闻乐见的方式,用尽量通俗易懂的语言出版一套以馆藏简牍为主题的普及读物。我们计划在近两年陆续出版《曾侯乙简》《九店楚简》《包山楚简》《云梦睡虎地秦简》《龙岗秦简》等多部简牍普及读本,包括之前已出版的《望山楚简(普及本)》,力求全面展示湖北省博物馆藏简牍的全貌。

"简述历史,牍懂中国",是深入贯彻落实习近平总书记考察湖北重要讲话精神的重要举措,也是加强湖北省博物馆学术研究,打造全国文博研究学术高地的重要举措。衷心希望我们的努力,可以让博物馆成为连接过去、现在与未来的桥梁,让社会大众读懂深藏在博物馆的简牍,让古人、今人达成真诚豁达的理解,让中华文化古为今用,推陈出新,以此赓续荆楚文脉,坚定文化自信,加强荆楚文化保护传承与研究利用,推动实现荆楚文化创造性转化、创新性发展。

　　是为序。

湖北省博物馆党委书记　馆长

# 凡　　例

1. 全书采用规范简体汉字,必要时采用繁体汉字。论述中引用的出土文字资料,释文一般用宽式。

2. 释文主要参考了武汉大学简帛研究中心的重新整理本。释文编号以阿拉伯数字加阴影的方式标示。

3. 释文中使用下列符号:☑,表示竹简的断残;□,表示难以辨识之字;( ),表示假借字、异体字的正字;〈 〉,表示原文有误而用以表示正字;……,表示简文字数难以确认;【 】,表示据残画可以确认之字及据文例等可以补出之字。

4. 注释尽量从简,看法较为一致的则直接采用,有歧义的则用"一说""或曰"等择要言及。原文残损过甚的,不另附译文。

5. 限于本书性质和篇幅,除直接引用外,引述他人成果不一一标明出处,详见书末的参考文献。论述中提到学者姓名时,一律不加敬称。

6. 本书所引各类文献大致截止于 2021 年 6 月。

# 目　　录

## 九店 56 号墓简册

### 一、酋、梅等数量

### 二、建除

# 九店 621 号墓简册

# 导　读

## 一、九店墓地及出土竹简概况

　　九店墓地位于楚故都纪南城东北 1.2—1.5 公里的丘陵地带,地名施家洼。原隶属九店公社雨台大队,现为纪南镇雨台村。为配合江陵县纪南第二砖瓦厂生产取土,自 1981 年至 1989 年底,共发掘了东周墓 596 座。其中 56 号墓和 621 号墓各出土了一批简牍,即后来常说的“九店楚简”。

　　56 号墓的时代,从考古学上被推定为战国晚期早段。此墓只有一木棺,出土时已遭毁坏。除竹简外,另有仿铜陶礼器、生活用具、兵器、文书工具等随葬器物三十余件。从墓葬形制及随葬器物看,墓主身份应是“庶人”中地位较高者或“士”中的没落者。从墓中随葬有《日书》看,其职业或许与占卜有关。但有学者据墓中竹简有“祷武夷”之辞以及随葬弓箭等,推测墓主“应系武士,很可能是一位‘兵死者’”(陈伟 1998)。也有学者据墓中有关计量单位的简文,对照出土《日书》的云梦睡虎地 M11 的墓主为负责司法的地方小吏,认为也不排除 M56 的墓主生前为地方小吏的可能。墓中共出土竹简 205 枚,原系成卷入葬,内裹墨盒、铁刀。其中完整和较完整者 35 枚,其余皆已断残。整简长 46.6—48.2 厘米、宽 0.6—0.8 厘米、厚 0.1—0.12 厘米,有三道编联痕迹。文字墨书于篾黄的一面,简文的书写从竹简上端开始,不留天头。存字最多的一枚有 57 字。根据内容可以分为十五组,第一组的性质目前尚多争论;二至十四组属于一般说的《日书》;第十五组残损厉害,从可辨识的残存文看,大多数也属于《日书》。

其中《日书》部分,是目前已出土的"日书"类文献中时代较早的一批。大部分内容,也见于时代晚一些的睡虎地秦简、放马滩秦简《日书》中。

621 号墓的时代,从考古学上被推定为战国中期晚段。此墓有一棺一椁,随葬器物较为丰富,除竹简外,另有仿铜陶礼器,丧葬用具(镇墓兽)、生活用具、兵器、瑟等五十余件。考古工作者根据《庄子·天下》"天子棺椁七重,诸侯五重,大夫三重,士再重",指出"再重"应指一棺一椁。再结合墓葬形制、随葬器物等综合来看,此墓的墓主身份比 56 号墓要高,当为"士"。墓中出土竹简 127 枚,均已断残。字迹比较清晰的有 34 枚,其他多字迹不清,并有部分无字迹。最长的为 22.2 厘米、宽 0.6—0.7 厘米、厚 0.1—0.13 厘米,有编联痕迹。

这批竹简保存状况不太好,目前所见的主要整理本,一是《江陵九店东周墓》(科学出版社 1995 年),附录有李家浩撰《江陵九店五十六号墓竹简释文》和彭浩撰《江陵九店六二一号墓竹简释文》,图版比较清楚,只有释文没有注释;二是《九店楚简》(中华书局 2000 年),有李家浩所作释文和详细注释,图版不是很清楚,并附有发掘报告;三是《楚地出土战国简册[十四种]》(经济科学出版社 2009 年),有释文和简要注释,无图版。本书的释文及分组编联,主要依据晚出的《楚地出土战国简册[十四种]》。

需要特别说明的是 56 号墓中出土的墨。墨有一大块及数小块,出土时,皆置木盒内。木盒平面呈椭圆形,直壁,盖身以子母口扣合。盖高 2.7 厘米、通高 5.3 厘米、短径 2.2 厘米。其中的大块墨,现存长 2.1 厘米、宽 1.3 厘米、厚 0.9 厘米。

图一　墨盒及墨

(见《江陵九店东周墓》图版九七.2、九五.6)

　　这是目前考古发现的较早的墨。其中大块墨一端已研磨出斜面，中部两侧略内凹，黄展岳推测似为研磨时手捏所致。如其推测属实，则使用方法有特别之处。在殷墟甲骨里，虽有朱书、墨书字迹，但未见笔墨等遗存。目前所见较早的完整的研墨用具，1973 年出土于湖北云梦睡虎地 4 号秦墓。研盘由一块不规则的鹅卵石加工而成，长 6.8—7 厘米、宽 5.3—6 厘米、高 2 厘米。研石高 2.2 厘米，用小块鹅卵石加工制成。一起出土的还有一块小墨。使用的时候当是把墨块放在研盘上，用研石压磨，和水使用。出土的其他秦汉研具也多是这种形制。《汉官仪》记载，朝廷每月都发给尚书令、仆射和丞郎等“隃糜大墨一枚，小墨一枚”，使用方法则不得其详。随着制墨工艺的提高，墨块、墨丸等改制成墨锭，书写则不需要再用研石研磨，仅留磨盘，也就是后来的“砚”或“砚台”，用墨锭在其上研磨即可。九店 56 号墓中的大墨块，是否如后世的墨锭一样使用，尚需进一步研究。

图二　睡虎地 4 号秦墓出土的墨及研墨石
（见《云梦睡虎地秦墓》图版一〇）

## 二、56 号墓竹简的分组与命名

　　56 号墓出土的竹简，目前在具体分类和命名上都有些不同，列表如下：

| 《九店楚简》 | 《楚地出土战国简册〔十四种〕》 | 晏昌贵《巫鬼与淫祀：楚简所见方术宗教考》 |
|---|---|---|
| （一）1－12 褚、梅等数量 | （一）1－12 褚、梅等数量 | （一）13－24 建赣 |
| （二）13－24 建除 | （二）13－24 建除 | （二）25－36 结阳 |
| （三）25－36 丛辰 | （三）25－36 丛辰 | （三）37－40 上、41 成日 |
| （四）37－40 上、41－42 成日、吉日和不吉日宜忌 | （四）37－40 上、41－42 成日、吉日和不吉日宜忌 | （四）37－40 下、42 五子 |
| （五）37－40 下五子、五卯和五亥日禁忌 | （五）37－40 下五子、五卯和五亥日禁忌 | （五）60－76 启闭 |
| （六）43－44 告武夷 | （六）43－44 告武夷 | （六）81－87 往亡 |
| （七）45－59 相宅 | （七）45－59、116 相宅 | （七）88－91 徙 |
| （八）60－76 占出入盗疾 | （八）60－76 占出入盗疾 | （八）92、93 归行 |
| （九）77 太岁 | （九）77 太岁 | （九）94、95 裁衣 |
| （十）78－80 十二月宿位 | （十）78－80 十二月宿位 | （十）77 太岁 |
| （十一）81－87 往亡 | （十一）81－87 往亡 | （十一）78 星朔 |
| （十二）88－93 移徙 | （十二）88－93 移徙 | （十二）96－99 死生阴阳 |
| （十三）94－95 裁衣 | （十三）94－95 裁衣 | （十三）45－53、55－59 相宅 |
| （十四）96－99 生、亡日 | （十四）96－99 生、亡日 | （十四）43、44 告武夷 |
| （十五）100－146 残简 | （十五）100－116、121－122、137、142 竹简残片 | |

对比可知，《九店楚简》与《十四种》的分组大体一致。晏昌贵则有所不同，他把简 88－93 分成了两组，命名为"徙"和"归行"；也没有论及 79－80 两简。晏昌贵根据他的分类，总结说："总体上，整个九店《日书》简约可分为 4 个部分，(1)、(2)两组相当于总表，大约是以年历为单位所排定的日忌。(3)—(9)是各种杂忌，内容主要涉及出行、疾病、占盗、裁衣、婚嫁、祭祀等

日常生活的各方面。(10)—(12)与天文历法有关,是关于时日选择的'原理'。(13)是讲盖房屋的方位吉凶宜忌,颇类似于后世的风水术。(14)是祷告之辞。后二者均与选择术无关。从整个文本结构看,九店楚简《日书》具有杂纂汇编的性质,颇似古代的'类书',是将同一类型的文书收集在一起,以历日为经纬排比各种举事宜忌,其内容虽以择日为主,但并不局限于择日。从'成日''五子'的书写形态看,九店楚简《日书》之前可能还存在更原始的文本。"(晏昌贵 2010A)由于上古时代书籍的文本结构与文本形态不固定,因此说九店简有杂纂汇编的性质也有一定的合理性,至于之前是否存在更原始的本文,就难以言说了。

## 三、出土"日书"类文献概说

目前出土的秦汉《日书》不下几十批,其中内容比较丰富的,截至目前已出版的大概有如下几种。

(1) 睡虎地秦简《日书》甲种、乙种

1975 年 11 月至 1976 年 1 月,在湖北省云梦县睡虎地发掘 12 座秦墓,根据出土的文字资料,墓葬年代在秦统一六国前后。其中 M11 出土竹简 1150 多枚,按照出土时的位置整理分为甲、乙、丙、丁、戊、己、庚、辛八组,乙组的《日书》甲种共 166 支简,己、庚组的《日书》乙组拼合后现存 259 支简,后者在末简背面有"日书"的题名。这两种《日书》的内容非常广泛,对于研究秦汉数术具有非常重要的价值。

(2) 放马滩秦简《日书》甲种、乙种

1986 年 3 月出土于甘肃省天水市,根据长短不同分为甲、乙两种,甲种 73 枚,乙种 382 枚,后者保存状况较差。甲种内容与睡虎地秦简《日书》相似,多可对读。乙种内容比较繁杂,程少轩认为其中一部分应该是式占类的古佚书。

(3) 周家台秦简《日书》

1993 年出土于湖北荆州的周家台墓地,整理者依据内容分为三组,其中《日书》共 240 支简，有 10 支空白简。大多数是甲组简，少数出自乙组。《日书》原为一卷，无题名。

以上三种《日书》出土情况主要依据陈伟主编《秦简牍合集释文注释修订本》（武汉大学出版社 2016 年）。

（4）孔家坡汉简《日书》

1998 年出土于随州孔家坡墓地，《日书》400 余枚简，原为一册。本书主要依据《随州孔家坡汉墓简牍》（文物出版社 2006 年）。

以上几种《日书》内容丰富且保存相对完整，故本书在讨论相关问题时多引用参照。其他"日书"类简牍，内容丰富但目前仅有部分被披露的，如湖北随州周家寨汉简、湖北荆州胡家草场汉简、湖北云梦睡虎地汉简等；内容较少的，如岳山秦牍、尹湾汉简等；以及一些断章残简，如西北汉简、香港中文大学文物馆藏简等，后文在论述中也有引用。

## 四、"日书"的命名与性质

首先需要说明的是，下文在泛称"日书"类文献时，用引号标示；具体的某部"日书"时，则用书名号标示，如睡虎地秦简《日书》甲种。

说到"日书"的定名、归类，免不了要从《汉书·艺文志》说起。西汉末年，汉成帝（公元前 32—前 7 年）命令刘向等人整理皇家藏书，每一本书整理完毕后，都会写一篇叙录，类似现在说的简介或提要。刘向死后，其子刘歆继续完成他的事业。刘歆就把这些叙录加以分类整理，编成《七略》一书。此书把当时的图书分为六大类，即六艺、诸子、诗赋、兵书、数术、方技，再在前面加一总的说明"辑略"，就成了七略。到了东汉，班固在《七略》的基础上加以删改，即《汉书·艺文志》。由于《七略》已亡佚，《汉书·艺文志》就成为了解西汉中期之前书籍的成书、流传等问题的一把钥匙。因此，研究出土文献中的"日书"类文献，在命名、性质、图书归类等方面，自然要从《汉书·艺文志》入手。

《汉书·艺文志》承袭《七略》，也把当时的书籍分为六大类，讲到"数术"类时，并没有对这个词加以解释，只是说"数术者，皆明堂羲和史卜之职也"，接着又举了一些春秋战国时的代表人物。从这些代表人物看，如顾实先生所说大致相当于后世的"江湖医卜星相"之流。李零认为，"数术"模糊地说是有关"宇宙万物（或天地之道）"的一门学问。如果以今天的知识系统来看，涉及科学、天文、巫术、宗教等诸多方面，不能简单地以迷信视之。

《汉书·艺文志》又把数术细分为天文、历谱、五行、蓍龟、杂占、形法六小类。其中五行类，著录图书31种，共652卷，已全部亡佚失传。从其著录的书名看，如《黄帝阴阳》《神农大幽五行》《四时五行经》《堪舆金匮》等，其涵盖的范围可能非常广泛，选择时日吉凶的似也可归入其中。因此，目前在对出土文献的图书分类时，多把"日书"归入此类。裘锡圭则认为，出土秦汉"日书"基本是一种占候类的占书。但由于《汉书·艺文志》中著录的著作皆已不存，而我们对"日书"类文献的了解主要来自出土文献，因此出土"日书"类文献到底归入哪一类，目前仍是需要讨论的问题。如在《汉书·艺文志》数术类的杂占类中，记有《变怪诰〈诘〉咎》《执不祥劾鬼物》《人鬼精物六畜变怪》等，但皆已亡佚，刘乐贤就认为与睡虎地秦简《日书》中有一篇名为《诘》的性质相近。在最新出土的胡家草场汉简中，"日书"类文献中有一卷篇名即《诘咎》，此似可证明这类内容可以单独成书。由此来看，出土文献中所说的"日书"类文献，其体例、性质都是非常复杂的。

目前出土的先秦秦汉"日书"类文献中，睡虎地秦简《日书》乙种、睡虎地汉简、孔家坡汉简、北大汉简皆有"日书"的题名，因此此类文献一般被称为"日书"。在"日书"类文献中，还有一些标题名。如睡虎地秦简《日书》甲种即有33个标题名，如《除》《秦除》《稷辰》《衣》《玄戈》《岁》等。

胡家草场汉简有一成卷的"日书"类文献，且有篇名《诘咎》，其内部又有多个标题名，如《鬼籍人宫》《人灶不可熟食》等，另有《五行日书》的篇名。在东汉时成书的《论衡》中,有一些与日书有关的篇名或类似的名称,如《讥日》篇中提到的《沐书》《葬历》等名称,更像今天说的"篇名"。还有些虽不是篇名,也当是"日书"相关的一些小类,如《讥日》中提到"裁衣有书",《难岁篇》有"移徙法",《诘术篇》中提到"图宅术"等。余嘉锡曾指出"古书皆无大题"(见《古书通例》),加之"日书"类文献的流动性更强,因此这类出土文献,是否都可以"日书"称之,也是一个很值得讨论的问题。

另外需要说明的是,"日书"的"书",很难按照我们现今一般所理解的"著作""图书""书籍"的概念来理解。李零曾指出"书"的三种含义,即作为文字的"书"、作为档案的"书"(文书)、作为典籍的"书"(古书)。但"日书"的"书"究竟是哪一种呢? 前面已说,在刘向等人整理群书前,很多文献"著无定书,书无定本",很难用现在"书籍"的概念来理解,只能是某一类的文本资料。

## 五、"日书"的内容

出土的"日书"类文献,内容比较丰富且保存较完整的,如睡虎地秦简《日书》甲种、乙种,放马滩秦简《日书》甲种、乙种,孔家坡汉简《日书》,还有其他一些零碎资料。这些出土"日书"类文献,从编排上看不出有什么明显体例,内容也十分庞杂,有相同或相近的地方,也有完全不同的地方。如九店楚简中的《建除》《丛辰》《相宅》《占出入盗疾》《移徙》等,在其他出土秦汉简牍《日书》中,有不少相同或相近的材料。至于与其他简完全不同的,如其中《告武夷》,虽然在其他出土"日书"类文献未见内容相同或接近的材料,却有性质类似的祝祷类材料,如周家台秦简中的"已齲方""马心""先农",以及著名的《秦骃玉版》等。

出土"日书"的内容极其复杂,如《论衡·辨祟》中说:"世俗信祸祟,以为人之疾病死亡,及更患被罪、戮辱欢笑,皆有所犯。起功、移徙、祭祀、丧葬、行作、入官、嫁娶,不择吉日,不避岁月,触鬼逢神,忌时相害,故发病生祸,絓法入罪,至于死亡,殚家灭门,皆不重慎,犯触忌讳之所致也。如实论之,乃妄言也。"其中提到的"起功、移徙、祭祀、丧葬、行作、入官、嫁娶",在目前所见的出土"日书"类文献中都极其常见。

九店楚简中的日书类内容,目前大致可以分为十五组,有学者指出其有摘抄的性质,类似后世的类书。先秦时期的古书文献,体例形式极其复杂,尤其在刘向、刘歆校理群书之前,很多文献呈现出一种不稳定的流动的文本形态,如目前学术界常说的"单篇别行""分合无定""异本并存"等等,在研究秦汉出土文献"日书"时,很难有一个作为参照的"定本",因此我们现在看到的各种日书如此复杂,也就不难理解了。

## 六、"日书"的文本结构

在讲到出土文献的体例或文本结构时,除了前面提到的《汉书·艺文志》外,一般都会提到余嘉锡的名著——《古书通例》。此书 1983 年由中华书局出版,周祖谟在《前言》中交代,是根据 1940 年的排印本整理而成。由于此书成书甚早,自然不能利用后出的出土文献,只是从古籍中钩稽索隐,归纳总结了古书的一些体例问题。此书共四卷,分别是案著录、明体例、论编次、辨附益。其中对古书体例的一些总结,如"古书不题撰人""古书单篇别行"等等,多已得到学术界的公认,此书也成为我们今天研究出土文献体例的一把金钥匙。此书所涉及的范围非常广,包括常说的古书的成书、流传以及内在结构等问题。李零在此基础上,又进一步指出了一些"不成问题"的"大问题",如"古书的作者""古书的年代""古书的书名""古书的构成""古书的真伪"等。李学勤通过出土简牍与古书的对比,指出了古书产生和流传过程中十种值得注意的情况,即"佚失无存""名存实亡""为今本一部""后人增广""后人修改""经过重编""合编成卷""篇章单行""异本并存""改换文字"。

相对一般说的"典籍","日书"的经典化更弱,因此在讲到其文本结构,甚至书写格式时,可能会更加复杂。如刘向在《战国策·叙录》中说:

> 校中战国策书,中书余卷,错乱相糅莒,又有国别者八篇,少不足。臣向因国别者略以时次之,分别不以序者以相补,除复重得三十三篇,本字多误脱为半字,以赵为肖,以齐为立,如此类者多。中书本号或曰《国策》,或曰《国事》,或曰《短长》,或曰《事语》,或曰《长书》,或曰《修书》,臣向以为战国时游士辅所用之国,为之策谋,宜为《战国策》。其事继春秋以后,迄楚汉之起,二百四十五年间之事。皆定以杀青,书可缮写。

可知《战国策》在刘向整理之前,书名不一,体例编排不一,内容也各有差别。出土文献中的古书部分,也呈现出这样的特点,如长沙马王堆汉墓出土的《战国纵横家书》《春秋事语》,临沂银雀山汉墓出土的《晏子春秋》《尉缭子》,以及其他各种一般被称为"语类"的文献等等。由此类推,今天见到的各种出土"日书"类文献,抄写时代不一,加之其实用性更强,经典化的程度更弱,因此无论是文本形态还是内容,呈现出的各种差异也就不难理解了。由此就各种《日书》的相同或类似内容,作各种比较时,其间的各种差异也要作各种考虑,该如何归类仍可进一步研究讨论。至于囫囵地拿《汉书·艺文志》中的一些书名来套这些出土的"日书"类文献,则更不合适。

李零曾说:"早期古书多由'断片'(即零章碎句)而构成,随时所作,即以行世,常常缺乏统一的结构,因此排列组合的可能性很大,添油加醋的改造也很多,分合无定,存佚无常。作者的自由度比较大,读者的自由度也比较大。这使它的年代构成变得非常复杂。我的印象,战国秦汉的古书好像气体,种类和篇卷构成同后世差距很大;隋唐古书好像液体,虽然还不太稳定,但种类和构成渐趋统一。宋以来的古书则是固体,一切定型,变化多属誊写或翻刻之误。"(李零 2004)李先生这里说的虽然是"古书",或者即我们一般说的"典籍",但这段话也可以同样套用于"日书"上。

"日书"内部的结构,基本可以分为两个层次,一是就整部或卷《日书》而言,其包含的"篇"或"章"的多寡,及他们的编排次序皆无一定。二是就日书的基本组成单位"篇"而言。篇的题名,如睡虎地秦简《日书》甲种即有 33 个标题名,如《除》《秦除》《稷辰》《衣》《玄戈》《岁》等,这些小题名标示的部分目前虽有"篇""章"等不同的称呼,相对于大的题名而言这一点上比较是清楚的,这些"篇"或"章"也是目前各种"日书"的基本构成单位。就"篇"或"章"而言,虽然可以通过题名来判断,但题名又是可有可无的。如晏昌贵曾经按照书写形式和写在竹简上的位置对篇题做了分类,对孔家坡汉简《日书》做了统计,结果是原简明确有标题的至少 35 个,没有写标题的可能不到 20 个。又进而指出睡虎地秦简《日书》,甲种明确书写篇题的有 37 个,明确无篇题的大概 20 个,乙种则分别是 43 和 15 个。有些互见于不同《日书》中内容相同或相近的"篇",篇题不同以至或有或无,在具体文字上也存在各种差异。如本书《太岁》部分讨论中提到的睡虎地秦简《日书》甲种有《岁》篇,"岁"为原有标题,《日书》乙种则题名为"嫁子□",孔家坡汉简则题名"徙时";同样的内容也见于马王堆汉墓帛书、香港中文大学文物馆藏简牍和居延新简,三者皆无题名。再如睡虎地秦简《日书》乙种中的《亡日》《亡者》,原无题名;相同的内容即《日书》甲种中整理者拟名的《行忌(一)》《归行》,原无题名;即本书中的《往亡》。

因此可以看出,出土"日书"类文献,其基本构成单位为"篇",或单篇或多篇合编,流传颇广,不同的编者或抄写者根据需要合编为册,题名并不固定且或有或无。由上可知,一般所说的分合无定、异本并存等等,对于"日书"这类文献而言则更为明显。再返回头看九店楚简《日书》的文本结构，无论是说它类似后世的"类书"，还是杂纂，也就都不难理解了。

## 七、"日书"互见内容的文本差异

"日书"的各篇，从内容、性质上大致可以分为两类。一是纲领性地列举时日宜忌的文字，如九店楚简的《建除》和《丛辰》，这两篇都见于睡虎地秦简、放马滩秦简与孔家坡汉简等《日书》中。另一类是就某一问题或事类集中说明宜忌的文字，如九店楚简的《相宅》《占出入盗疾》。这一类或有题名，或无题名，九店楚简皆无题名。秦汉简《日书》中的这一类，有的原有题名，如睡虎地秦简《日书》甲种中的《衣》《鼠襄户》《葬日》《玄戈》等。这些题名及其内容，在其他批次的《日书》中，题名或有或无，并不一致。还有一些原无题名，多为整理者根据其内容拟定的题名，如睡虎地秦简《日书》甲种的《去父母同生》《日夕》《良日》《起室》《四向门》等。

这几批竹简中最早出版的是睡虎地秦简《日书》甲乙种。1981 年出版的《睡虎地秦墓》，没有交代有关《日书》出土时原始编排顺序的信息，但《日书》甲种竹简两面书写文字，其简序可大致推定。后来出版公布的其他批次的《日书》，大概受睡虎地秦简编排的影响，都把第一类排在前面，紧接着是第二类。这样编排，是否是其原来的编连状态也不得而知。2018—2019 年，在湖北荆州出土的胡家草场汉简，据《湖北荆州市胡家草场西汉墓出土简牍概述》，其中有"日书"类文献五卷，第 1 卷未见题名，包含建除、丛辰、时、牝牡月、吉日等。第 2 卷有卷题"五行日书"，包括建除、丛辰、五时、五产、五日、刑德行时等。第 3 卷未见题名，有雷、家、失火三篇。第 4 卷有题名"诘咎"，与睡虎地秦简《日书》甲种的《诘》篇接近。第 5 卷有题名"御疾病方"。其分卷及每卷内的简的编排等，对研究其他《日书》的编排有重要参考价值。只是相关信息披露甚少，一些具体的细节尚不得而知。

互见的内容，主要是从"篇"的角度着眼。作为"日书"构成单位的篇，有的篇见于不同的《日书》当中,且内容基本一致,有的则差别较大。这些互见的内容,无论是对《日书》的整理校勘,还是其他方面的研究,都具有重要的价值,也是目前研究者所关注的。如九店楚简《建除》《丛辰》,在睡虎地秦简、放马滩秦简、孔家坡汉简等《日书》中都有基本相同或类似的内容。

　　这里说的差异,主要是就不同文本之间的语言词句及用字的差异,类似校勘学上说的"异文"。其中有些非常具有时代或地域特点的用字及词语特点,尤其是秦、楚方言词汇的差别,研究者已经讨论得很多。如晏昌贵就曾指出,放马滩秦简中的"穴中""豁谷""窖内"等建筑,不见于九店楚简《日书》,显示其明显的北方特色。这里只举几个例子:

　　黔首

　　据《史记·秦始皇本纪》记载,秦王政二十六年并兼天下之后,"更名民曰'黔首'",在"日书"类文献里也有体现。如《建除》见于睡虎地秦简、放马滩秦简《日书》中,而"黔首"的使用则有很大的差别,如下表:

| 九店楚简《建除》 | 凡坪日,利以祭祀、和人民、诣事。16 贰 |
| --- | --- |
| 睡虎地秦简《日书》甲种《秦除》 | 平日,可以取妻、入人、起事。17 贰 |
| 睡虎地秦简《日书》乙种《除》 | 平、达之日,利以行帅〈师〉徒、见人、入邦,【皆】吉。生男女【必】☑ 19A＋16B＋19C 壹 |
| 放马滩秦简《日书》甲种《建除》 | 平日:可取(娶)妻、祝祠、赐客,可以入黔首,作事吉。16 壹 |
| 放马滩秦简《日书》乙种《建除》 | 平日:可取(娶)妻、祝祠、赐客,可以入黔首,作事吉殹。16 壹 |

很明显的,放马滩秦简的"入黔首"对应睡虎地秦简的"入人"。

　　殹/也、藏/再

　　在睡虎地秦简、放马滩秦简、孔家坡汉简等《日书》里都有"占盗"类的内容,其题名或有《盗者》《占盗》。其中有与十二支对应的十二种动物,一般认为与后世的十二生肖有密切关系,但这几种文本中十二种动物具体又各有差别,学者们已做了很多的讨论。这里主要看其中有明显差异的"殹/也""藏/冉"的使用情况。由于原文较长,这里只引用"午""未"下的占断文字。

| 睡虎地《日书》甲种《盗者》 | 放马滩《日书》甲种《占盗》 | 放马滩《日书》乙种《占盗》 | 孔家坡汉简《盗日》 |
|---|---|---|---|
| 午,鹿也。盗者长颈,小胠,其身不全,长耳而操蔡,疵在肩,臧(藏)于草木下,必依阪险,旦启夕闭东方。·名劵达禄得获错。75背/92反 | 午,马殹。盗从南方入,又(有)从之出,再【才】(在)厕庑刍【橐】【中,为人长面、大目,喜疾行,外人,不远】。36 | 午,马殹。盗从南方入,有(又)从之出,再才(在)厕【庑】刍橐中,为人长面、大目,喜疾行,外人,不远。72 | 午:鹿也。盗者长颈,细胠,其身不全,长躁躁然,臧(藏)之草木下,贩(阪)险。盗长面,高耳有疵,男子也。373 |
| 未,马也。盗者长须耳,为人我我然好歌无(舞),疵在肩,臧(藏)于刍橐中,阪险,必得。·名建章丑吉。76背/91反 | 未,羊【殹】。盗者从南方【入】,有(又)从【之】出,再在牢圈中,其为人小颈、大复(腹)、出目,必得。37 | 未,羊【殹】。盗者从南方【入】,有(又)从之出,再在牢圈中,其为人小颈、大复(腹)、出目,必得。73壹 | 未:马也。盗者长颈而长耳,其为人我(娥)我(娥)然,好歌舞,臧(藏)之刍橐厕中。其盗秃而多口,善数步。374 |

其中非常明显的用词差异的是"殹"和"也"。在睡虎地秦简《日书》中二者的用例分别是8∶92,而放马滩秦简的用例比则是212∶2,一般认为"殹"是非常有特色的秦方言用词。

放马滩秦简的"殹""冉",在睡虎地秦简、孔家坡汉简中皆作"也""藏"。放马滩秦简中"冉""藏"混用,用例为10∶12,都是用在处所词前。而在睡虎地秦简、孔家坡汉简相应辞例的位置上皆用"藏"字。王家台秦简《归藏》"不偏于室,而偏于野",传世《归藏》佚文作"室安处而野安藏"。因此,从日书文意看"冄"在上下文里具"藏"义是非常明显的,但在传世文献里目前尚未见用例。孔家坡汉简《岁》"十月称藏于子",此处的"称"可理解为与"藏"同义连文。综合来看,"冄"在放马滩秦简用例最多,似具有某种方言特色。上面是就具体的用词而言,而从较为整体的占文看,睡虎地秦简、孔家坡汉简文句上更接近,而与放马滩秦简的差距则比较明显。如睡虎地秦简的"盗者长颈,小腈,其身不全,长耳而操蔡,疵在肩,臧(藏)于草木下,必依阪险",孔家坡汉简与之非常接近,而放马滩秦简则差别较大。

在《日书》中还有些一篇题或话题是一致的,其中有些专门的术语比较一致,如下文讨论的建除十二直,但其具体的占断文字则有明显差别。再如睡虎地秦简、放马滩秦简的《十二支占行》,其具体的占断内容也有很大差别,详见下文《占出入盗疾》部分的论述。不同批次的《日书》中互见内容的差异,明显超出一般说的"异文"的范畴,牵扯到时代、地域、文本流传等多方面的原因,其间的辗转传抄大概也很难简单说清。

## 八、"日书"简牍的书写特点

简牍帛书从内容上一般可以分为古书和文书两大类。古书类的文献多依照《汉书·艺文志》来分类,李零则在《汉书·艺文志》的基础上,加"史书类",共为七类。并指出其中"六艺类""史书类""诸子类""诗赋类"为一类,"偏重人文";"兵书类""数术类""方技类"为一类,"偏重技术,很多都是实用手册"(李零2004)。

"日书"的书名即大题名,以及篇名或小题名的书写位置,相对于其他类别的出土文献,似无明显的特别之处。大题名"日书",皆书于某简的简背,如睡虎地秦简《日书》乙种、胡家草场汉简、孔家坡汉简、北大汉简。小题名,则多书于某篇首简的天头位置。

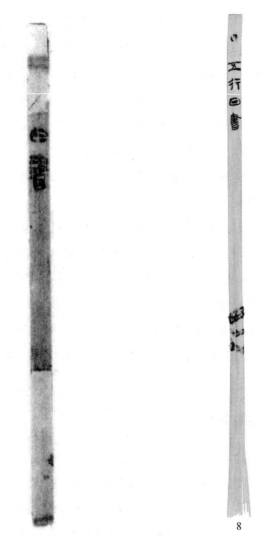

8

图三　睡虎地秦简《日书》乙种题名　图四　胡家草场汉简《五行日书》题名

　　当然,前文已论"日书"可以归入"数术类"。与一般说的六艺、史书、诸子、诗赋类的文献有很大的不同,即实用性强,或即后世说的"不登大雅之堂"。因此在书写形式上也与其他古书有很大不同,这种不同与文本结构和语言特点是密切相关的。"日书"在文本结构上以篇为其基本组成单位,且各篇繁简不一,有些篇的内容非常简短,且其语言多比较简单。再者有些篇需要图文配合使用。这些特点决定了其在书写形式上的两个显著特点，一个是多分栏书写，九店楚简《日书》的(四)(五)两组即分栏书写。如下面两图：

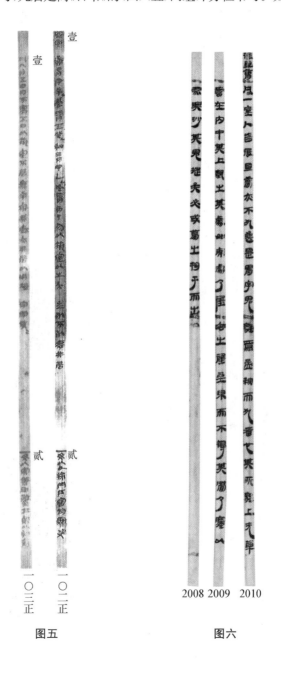

图五　　　　　图六

图五为睡虎地秦简《日书》甲种102、103简的正面。小题名"室忌"书于102简的天头位置，第壹栏为《室忌》的文字内容。第贰栏则为《十二支忌》的部分内容，其原无题名。图六为湖北荆州胡家草场汉简《诘咎》的《役且梦》篇，作为小题名的"役且梦"书于2010简的天头位置。

第二个特点是多有图像。如下图：

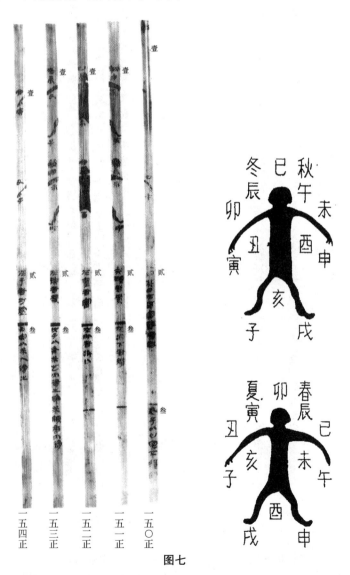

图七

此为睡虎地秦简《日书》甲种的 150 正—154 正，150 简的天头位置有篇题《人字》，"字"即生子之意。上部第壹栏即画有"人"的图形，下部第贰栏、第叁栏一部分则为说明文字。在周家寨汉简里有《禹汤生子占》，如下图：

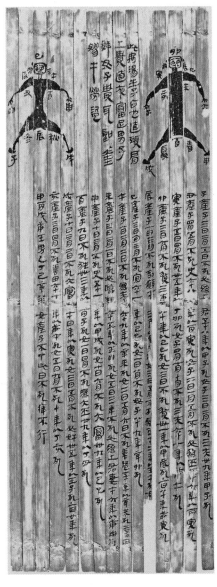

图八

其上栏的两幅图与上面睡虎地简的图基本一致,只是"春夏秋冬"四字写在了人形胯下,而睡虎地秦简写在了双肩上方。类似人形占子的图画也见于马王堆帛书《胎产书》、孔家坡汉简及北京大学藏汉简。

清华大学藏战国竹简《筮法》,内容上与《日书》也密切关联。其共六十三支简,还有一幅图像。简文详述占筮的原理和方法,也含有大量以数字卦表现的占例。根据其内容,整理者共分三十节。其在书写形式及书写空间布局上,不仅图文结合、分栏书写,而且有些节的书写在空间上错让腾挪。如下图:

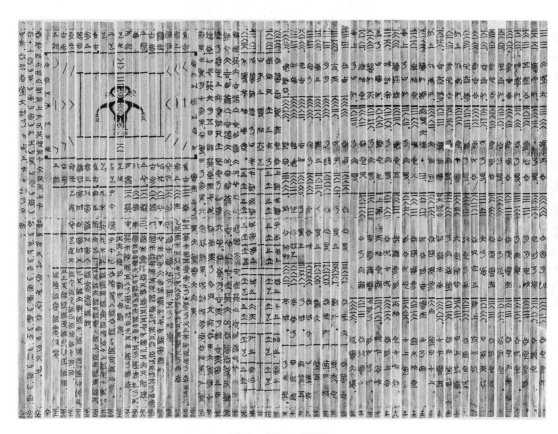

图九　《筮法》缩略图

节的书写空间分布如下:

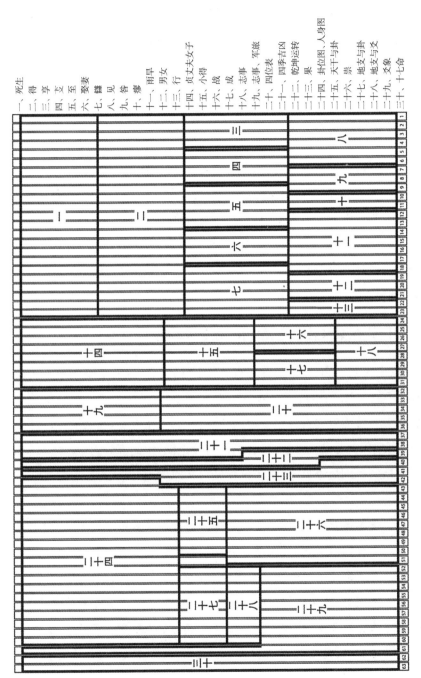

一、死生
二、得
三、享
四、至
五、娶妻
六、讎
七、见
八、咎
九、瘳
十、雨旱
十一、男女
十二、行
十三、贞丈夫女子
十四、小得
十五、战
十六、成
十七、志事、军旅
十八、志事
十九、四位表
二十、善否凶
二十一、四季运转
二十二、乾坤运转
二十三、果
二十四、封位图、人身图
二十五、天下与国
二十六、祟
二十七、地支与日
二十八、地支与爻
二十九、文象
三十、十七命

一
二
三
四
五
六
七
八
九
十
十一
十二
十三
十四
十五
十六
十七
十八
十九
二十
二十一
二十二
二十三
二十四
二十五
二十六
二十七
二十八
二十九
三十

图十　《筮法》区域划分图

目前发现的秦汉《日书》类文献,多具有以上两个特点。书写空间上的这些特点跟书写的内容尤其是语言特点有密切关系。如同郭店楚简《语丛》、睡虎地秦简《为吏之道》分栏书写,就是与其语句简短且句式比较整齐有关。

## 九、"日书"的语言特点

《日书》内容非常复杂,但就文体或语言特点看,《告武夷》《先农》《马禖》《梦》等祝祷之辞有其自身特点外,其他部分文句基本都比较简短。某一篇或章节之内句式多相对整齐,有一定的辞例可循。从句型上看多为陈述句,在句子结构上一般是非主谓句。《日书》类文献,其用字及用词用语,皆有一定的时代地域特色,具体论述见上文《"日书"互见内容的文本差异》部分。

## 十、"日书"在秦汉社会生活中的流传与影响

《汉书·艺文志》著录的图书有 596 种 13 269 卷,其中属于数术类的就有 190 种 2 528 卷,占了全部书籍的 30%,可见此类文献对社会文化的影响之大。就传世的古籍来看,对研究《日书》关系密切,涉及的论述比较集中的文献,主要是《史记·日者列传》和《论衡》中的部分篇章。

"日者"一词最早见于《墨子·贵义》,其原文说:

子墨子北之齐,遇日者。日者曰:"帝以今日杀黑龙于北方,而先生之色黑,不可以北。"子墨子不听,遂北至淄水,不遂而反焉。日者曰:"我谓先生不可以北。"子墨子曰:"南之人不得北,北之人不得南,其色有黑者,有白者,何故皆不遂也? 且帝以甲乙杀青龙于东方,以丙丁杀赤龙于南方,以庚辛杀白龙于西方,以壬癸杀黑龙于北方,若用子之言,则是禁天下之行者也。是围心而虚天下也,子之言不可用也。"

这里提到的方位与颜色的搭配，明显是以五行学说为根据的，在出土的《日书》中也有体现。"日者"即操选择时日吉凶之术的人。《史记·太史公自序》说："齐、楚、秦、赵为日者各有俗所用，欲循观其大旨，作《日者列传》第六十七。"由此可知，日者在当时应该为数不少且影响也不小，所以太史公才要为之立传。今本《史记·日者列传》分两部分，前一部分讲了一个名叫司马季主的卜人，与宋忠、贾谊辩论的故事。另一部分是褚少孙续补的，是接续前一部分的议论，其最后记载一个太卜待诏为郎者的一段话，说"孝武帝时，聚会占家问之，某日可取妇乎？五行家曰可，堪舆家曰不可，建除家曰不吉，丛辰家曰大凶，历家曰小凶，天人家曰小吉，太一家曰大吉。辩讼不决，以状闻。制曰：'避诸死忌，以五行为主。'"这一段里提到"建除家""堪舆家"等，为我们研究出土"日书"提供了难得的材料。

"日书"类文献在汉代社会被广泛使用，传世文献记载比较多的则是《论衡》。《论衡》一书中涉及选择之术的，主要集中在《四讳》《調时》《讥日》《诘术》等篇。其中提到的很多择日吉凶之术，为出土文献日书研究提供了重要的资料。如《辨祟篇》中说："世俗信祸祟，以为人之疾病死亡，及更患被罪、戮辱欢笑，皆有所犯。起功、移徙、祭祀、丧葬、行作、入官、嫁娶，不择吉日，不避岁月，触鬼逢神，忌时相害，故发病生祸，絓法入罪，至于死亡，殚家灭门，皆不重慎，犯触忌讳之所致也。如实论之，乃妄言也。"其中提到的"起功、移徙、祭祀、丧葬、行作、入官、嫁娶"等，在出土的日书文献中都有相关内容。

在《论衡》中，王充对这些吉凶选择之术，都是持一种批评的态度，按照周作人的话说即"疾虚妄"。如《讥日篇》先引用《沐书》曰："子日沐，令人爱之；卯日沐，令人白头。"接着反驳说："夫人之所爱憎，在容貌之好丑，头发白黑，在年岁之稚老。使丑如嫫母，以子日沐，能得爱乎？使十五女子以卯日沐，能白发乎？且沐者，去首垢也；洗，去足垢；盥，去手垢；浴，去身垢。皆去一形之垢，其实等也。洗、盥、浴不择日，而沐独有日。"

上文已指出，《汉书·艺文志·数术略·五行》类，著录的著作都已失传。现在见到的"日书"类文献都是后世出土的。虽然如此,"日书"类文献中一些具体术语及内容,却一直传承下来。如下文讨论的九店楚简《建除》十二直,不仅见于睡虎地秦简《日书》、放马滩秦简《日书》等出土文献,也见于《淮南子》,以及清代《协纪辨方书》卷四等。再如上文提到的睡虎地秦简《日书》甲种《人字》中的人形图,也见于马王堆帛书《胎产书》、北京大学藏汉简,还保存在港台历书和彝族历书中。再如睡虎地秦简《日书》甲种有"出邦门"篇:

> 行到邦门困(闑),禹步三,勉壹步,呼曰:"皋,敢告曰:某行毋(无)咎,先为禹除道。"即五画地,掫其画中央土而怀之。

与之类似的内容不仅见于额济纳汉简的"急行",也见于后世的各种选择类文献,如《玉匣记》中有"出行紧急不暇择日当作纵横法":

> 正身,齐足,立于门内,叩齿三十六通,以左手大拇指先画四纵,后画五横,画毕,咒曰:"四纵五横,吾今出行,禹王卫道,蚩尤避兵,盗贼不得起,虎狼不得侵,行远归乡里。当吾者死,背吾者亡,急急如九天玄女律令!"咒毕便行,慎勿反顾。每出行,将咒念七遍,画地,却以土块压之,自然吉矣。

对比可知,《玉匣记》比《日书》的文字要繁复不少,但基本内容与性质却是比较一致的。

# 九店56号墓简册

# 一、雟、梅等数量

**【释文】**

☐【雟一秠又五来，敔秜之】三檐（担）。[1]雟二秠，[2]敔秜之四檐（担）。[3]雟二秠又五来，敔秜之五檐（担）。雟三稧，敔秜之六檐（担）。雟三☐ 1

☐稧，敔秜之八檐（担）。雟四稧☐ 2

☐之十檐（担）。雟五稧又五来，敔秜之十檐（担）一檐（担）。雟六稧，敔秜之十檐（担）二檐（担）。方一，麋一，雟☐☐☐☐ 3

☐咊☐☐。方七，麋一，雟五稧又六来，雟四【檐（担）。方审，笘一，雟十】檐（担）又三檐（担）三赤二篅。方、产（雁）首一，[4]雟二十檐（担）。方☐ 4

☐三赤二篅。方三、产（雁）首一，雟☐☐檐（担）☐☐☐ 5

☐【雟】☐檐（担）又三檐（担）三赤二篅。方☐ 6

☐雟四十檐（担）六檐（担），梅三韌一篅[5]☐ 7

☐☐☐☐梅三韌一篅。方一☐☐ 8

☐☐又四来。方四，麋一☐☐ 9

☐【方】五，麋一，雟四☐☐ 10

☐又六☐一☐ 11

☐☐三稧☐ 12

**【注释】**

[1] 檐（担），容量单位，相当于十二斗。下文的秠、来、稧、赤、篅、方、

靷、雁首等似皆为单位量词,具体含义目前尚多有分歧。来,或释为朿。

　　[2] 簮,似指某种农作物。或解释为精米。

　　[3] 敂秭,从文意看为动词,似指农作物的某种加工程序。或认为"敂"读作"杵",即捣的意思;"秭"读作"靡"或"磨",即研磨的意思。

　　[4] 雁首,大市铜量铭文有自称"雁首"的量杯,或认为可作为容量单位,指 500 毫升。

　　[5] 梅,可能跟农作物有关。靷,湖南博物馆藏楚国铜量,铭文自铭为"削",与靷为同一词的不同写法,容量为 2 300 毫升。簹,或疑为"笒(筲)"字异体,义同筲,容量为 1 100 毫升。


## 【译文】

　　因简文句式比较一致且多残缺,下面仅将存字较多的 1—3 号简语译如下:

　　……二稑簮,经过敂秭这种加工后能得到四担。二稑又五来的簮,经过敂秭之后得到五担。三稑的簮,经过敂秭之后得到六担。簮三……1

　　……稑,经过敂秭之后得八担。簮四稑……2

　　……得十担。簮五稑又五来,敂秭之后得十担一担。簮六稑,敂秭之后得十担二担。方一,麇一,簮……3


## 【延展阅读】

### 一、简文辞例及相关楚国量制

　　这十二枚简,从辞例及文意看,明显分为两组,1、2 简及第 3 简"方一"之前的部分为一组,其后为另一组。其中第一组,李家浩总结说:"细绎文义,'敂秭之多少担'之'之',似是指代其前的'簮多少稑'或'簮多少又五来','敂秭'二字似是动词。若此,'簮多少稑,敂秭之多少担'或'簮多少稑又五来,敂秭之多少担',意思似是说'簮'有'多少稑'或'多少稑又五来',将它'敂秭'之后则为多少担。"(《九店楚简》)由于与这段文字的辞例比较一致,因此輂、秸、稞、来、担等之间有一定的比例和换算关系是比较明显的。第1、2号简加上第3号简到"十檐（担）二檐（担）"的内容为一部分。其换算关系如下：

| 谷物类 | 数　　量 | 敧秠后的数量 |
|---|---|---|
| 輂 | 一秸又五来 | 三檐（担） |
| 輂 | 二秸 | 四檐（担） |
| 輂 | 二秸又五来 | 五檐（担） |
| 輂 | 三稞 | 六檐（担） |

董珊认为其中的"秸、稞、来"，根据其换算关系，可能指的是全禾，或者说是带梗的谷物单位。"檐（担）"所计量则是经过"敧秠"之后的成品或半成品。但"秸、稞、来"具体所指尚不清楚。

这一组简文记述的可能是农作物经过某种加工程序后，各种不同加工品的折算关系，虽然颇为关键的"敧秠"词义尚不确定，但因句式结构比较一致，各种加工品的不同单位数量之间的折算关系还是比较清楚的。在出土文献及古书中有类似记载，如睡虎地秦简《秦律十八种》简41："〖禾黍一石为粟〗石六斗太（大）半斗，春之为粝米一石；粝米一石为凿（糳）米九斗；九〖斗〗为毇（毇）米八斗。"即记载了粟、粝米、凿（糳）米、毇（毇）米在加工过程中的折算关系。《说文·米部》的"粲""糲""毇""糳"等字下也有相关记载。《九章算术》卷二也记载了粟米的各种单位之间如何换算的问题，如："今有粟一斗，欲为粝米。问：得几何？答曰：为粝米六升。""今有粟四斗五升，欲为糳米。问：得几何？答曰：为糳米二斗一升五分升之三。"

另一组，指3号简末尾的"方一，麋一，輂"及其他简。董珊认为"赤、篃、方、韧、雁首"，代表的计量器可能都是形状规则的容器，只能计算脱粒之后的成品或半成品。至于他们之间如何换算，目前尚有各种不同的说法。

在新蔡楚简中也有一组简，涉及不少单位量词，如字数较多的几简：

一医,亓(其)重一匀。宋良志受三医,又一赤。李絔为宋木受一医,又▢甲三220＋零343

吴殴无受(授)一赤,又籿(笥),又弅瑶,又雁首。吴悥受(授)一医,二弅▢甲三203

▢受二医,又二赤,又刖,又籿(笥)。辻(赴)差(佐)仓受甲三211

▢仐(八十)医又三医,又一刖,籿(笥),雁首甲三90

以上几枚简中的"赤""雁首"也见于九店楚简的这段简文。目前的研究常把这些材料联系起来考虑,但由于简文残缺以及相关研究资料极其有限,因此这些单位词其具体所指尚无定论。

## 二、战国时其他诸侯国的度量衡制

"度量衡"一词最早见于《尚书》,《尚书·尧典》说"同律度量衡",根据古书记载,度、量、衡分别指计量长度、容量、重量的标准或器具。有些单位名词,如尺寸分、斛斗升、斤两等,后世一直沿用,只是各个时代的具体量值可能有所差别。下面主要从出土文献的角度,择要谈一些单位名称。

### 1. 长度单位

春秋战国时期,由于诸侯割据,各诸侯国在度量衡方面都形成了一些自己的特色。虽然如此,但在长度单位方面,据一些出土的器物,一般认为尺、寸、分等单位在当时各诸侯国已普遍使用,且量值也基本统一。如下文提到的秦商鞅方升,根据其铭文及容量可推算出一尺为23.05厘米,由于分、寸与尺为十进制,因此分、寸的长度也可推算而知。与此同时,一些生活中常用的其他长度单位也已形成,如咫、仞、寻、常等。咫,《左传》僖公九年:"天威不违颜咫尺。"《说文·尺部》则说:"咫,中妇人手长八寸谓之咫,周尺也。"仞,古书有不同的说法,《楚辞·大招》:"五谷六仞。"《小尔雅·度》说:"四尺为仞。"《说文·人部》:"仞,伸臂一寻,八尺。"《国语·周语下》:"不过墨丈寻常之间",韦昭注:"八尺为寻,倍寻为常。"另外还有一些专用的长度单位,如表示布帛尺寸的端、两、匹、幅等。端,《小尔雅·度》:"倍丈谓之端。"《左传》昭公二十八年杜预注:"二丈为一端。"两,《左传》闵公二年"重锦三十两",孔颖达疏:"《杂记》曰:'纳币一束。束,五两。两,五寻。'八尺曰寻,则五寻四丈。"匹,《说文·匚部》说:"匹,四丈也。"幅,《说文·巾部》:"幅,布帛广也。"《汉书·食货志》则说:"布帛广二尺二寸为幅。"这些专用的长度单位,其量值在古书或有不同的记载,出土文献也有与之不同的记载,如睡虎地秦简《秦律十八种·金布律》说:"布袤八尺,福(幅)广二尺五寸。布恶,其广袤不如式者,不行。"其中规定的幅为二尺五寸,即与古书记载有所不同。

2. 容量单位

春秋战国时期各诸侯国形成了一些各具特色的容量单位,且量值也各有不同。如三晋地区内部存在差异,不过在鬲、溢的使用上有一定的一致性。据学者研究,韩、魏的一鬲约合 7 200 毫升,赵、魏、韩的一溢约在160—175 毫升之间。关于鬲、溢的换算,下面是著名荥阳上官皿与安邑下官钟的铭文:

荥阳上官皿:

荥(荥)阳。上官。皿
十年九月,府啬夫成加、史狄觖(角)之,少(小)一益(溢)六分益(溢)。

安邑下官钟:

安邑。下官。重(钟)。
十年九月,府啬夫成加、史狄觖(角)之,大大傘(半)斗一益(溢)少(小)傘(半)益(溢)

二者的辞例非常一致。"觖(角)",通斠、校,即校正、校量之意。"少(小)一益(溢)六分益(溢)"之"少(小)",即相对于标准器而缺少之义。"大大伞（半）斗一益（溢）少（小）伞（半）益（溢）"，第一个"大"即多出之义，其中的大半指三分之二，小半指三分之一。上两器，结合实测，其中溢的量值分别为161、167毫升，与韩国的陶量溢在161—169毫升是相符合的。"溢"相当于升，与斗为十进制关系。

再如发现于洛阳的三年垣上官鼎，一般认为是战国晚期魏国之物，其铭文为"垣上官肘（载）四分齋""三年已觖，大十六夬"。依据吴振武的解释，"四分齋"即四分之一齋，以一齋为7 200毫升计，则四分之一齋为1 800毫升。此鼎实测为2 656毫升，则多出的16夬为856毫升，每夬为53.5毫升。这里的夬，即《考工记·弓人》中记载的"觖"。

齐国的容量及进位关系，《左传》昭公三年说："齐旧四量，豆区釜钟，四升为豆，各自其四，以登于釜，釜十则钟。陈氏三量，皆登一焉，钟乃大矣。"对于这段话目前有不同的理解，此不赘论。出土的齐国著名的量器有子禾子铜釜、陈纯铜釜及左官铜鉰。"子禾子"即文献中的田和，于周安王十六年（公元前386年）被列为诸侯。据实测两件铜釜的容量，分别是20 460毫升、20 580毫升，可推算出升的量值分别是205、206毫升。

图十一　子禾子釜及铭文

### 3. 重量单位

战国时期各国的重量单位很不一致,如平安君三十二年铜鼎,一般认为是魏国的,其铭文为"一益七鈨半鈨四分鈨",根据实测及结合类似器具,一益(镒)约 300 克,一鈨约 25 克,12 鈨为一益(镒)。

齐国的重量单位有益(镒)、斤、钧等,如《管子·乘马》:"黄金一镒,百乘一宿之尽也。"又《管子·山权数》:"黄金一斤,直食八石。"根据相关出土器具,一益(镒)接近 370 克。

楚国则有益(镒)、两、朱(铢)等单位。根据出土的器物,一益(镒)约为 250 克,合 16 两,1 两为 24 朱(铢)。

秦国则逐渐形成了朱(铢)、两、斤、钧、石的重量单位体系。根据出土的铜权等,推算可知 1 石为 4 钧,合 120 斤,一斤约 256 克,1 斤为 16 两,1 两为 24 铢。

## 三、秦统一度量衡及相关举措

秦始皇统一六国之前,有些诸侯国已经有过对度量衡的规范统一工作。上文提到的荥阳上官皿、安邑下官钟,两器中"十年九月"的文字,即关于校量的文字,为加刻,此也看出当时有某种校正规范的机制。传世文献也有类似记载,如《管子·幼官》记载齐桓公时"修道路,偕度量,一称数"。商鞅变法时,也对度量衡做了一些变革,《战国策·秦策三》:"夫商君为孝公平权衡,正度量,调轻重。"下文提到的商鞅方升即为一件标准器。秦王政二十六年(公元前 221 年)统一天下后,《史记·秦本纪》记载:"一法度衡石丈尺,车同轨,书同文字。"即统一度量衡,统一文字等。由于时代久远,古书中对相关统一度量衡的记载甚少。随着各类出土资料的面世,我们可以对秦的度量衡制度及秦始皇统一度量衡的举措有了更多的了解。

藏于上海博物馆的商鞅方升,是商鞅在秦孝公十八年(公元前 344 年)任大良造时为统一度量所颁布的容量为一升的标准器,图片如下:

图十二　商鞅方升

图十三　商鞅方升文字拓片

其左壁所刻为：

> 十八年，齐遣卿大夫众来聘，冬十二月乙酉，大良造鞅爰积十六
> 尊（寸）五分尊（寸）壹为升。

根据其文字内容，16 又 1/5 寸为一升，再结合其实测的长宽高等，可知当
时秦的一寸是 2.305 厘米，一尺则是 23.05 厘米。在这件升的底部，还有
后来加刻的秦始皇二十六年统一度量衡的诏书。文字已有残泐，所幸此
诏书多见于秦代量器、衡器上，其文字可补齐如下：

> 廿六年，皇帝尽并兼天下诸侯，黔首大安，立号为皇帝。乃诏丞
> 相状、绾，法度量，则不壹、嫌疑者，皆明壹之。

除了颁布诏书及相关标准器外，秦代还对衡器、量器的准确度有严格要
求，误差超过一定范围就会有相应的处罚，睡虎地秦简《效律》就规
定说：

> 衡石不正，十六两以上，赀官啬夫一甲；不盈十六两到八两，赀一
> 盾。甬（桶）不正，二升以上，赀一甲；不盈二升到一升，赀一盾。
> 简 3-4
> 斗不正，半升以上，赀一甲；不盈半升到少半升，赀一盾。半石不
> 正，八两以上；钧不正，四两以上；斤不正，三朱（铢）以上；半斗不正，
> 少半升以上；参不正，六分升一以上；升不正，廿分升一以上；黄金衡
> 嬴（累）不正，半朱（铢）以上，赀各一盾。 简 5-7

以上规定，可以列表如下：

衡制

| | | |
|---|---|---|
| 石（120斤，1 920两） | 误差 16 两以上 | 赀一甲 |
| | 8 两以上 | 一盾 |
| 半石（60斤，960两） | 8 两以上 | 一盾 |
| 钧（30斤，480两） | 4 两以上 | 一盾 |
| 斤（16两） | 3 铢（1/8 两）以上 | 一盾 |
| 黄金衡累 | 1/2 铢（1/48 两）以上 | 一盾 |

量制

| | | |
|---|---|---|
| 桶（10斗，100升） | 误差 2 升以上 | 赀一甲 |
| | 1 升以上 | 一盾 |
| 斗（10升） | 1/2 升以上 | 一甲 |
| | 1/3 升以上 | 一盾 |
| 半斗（5升） | 1/3 升以上 | 一盾 |
| 参（3 又 1/3 升） | 1/6 升以上 | 一盾 |
| 升 | 1/20 升以上 | 一盾 |

除此之外，还明文规定县及相关主管单位，对衡、石、斗、升等衡器量器每年要校正一次，睡虎地秦简《秦律十八种·工律》简 100："县及工室听官为正衡石赢（累）、斗用（桶）、升，毋过岁壶（壹）。有工者勿为正。叚（假）试即正。"由以上论述可知，秦代统一度量衡后，多举措来保证度量衡的统一能得到正确无误的贯彻施行。

# 二、建　　除

## 【释文】

【鼃】层：[1]建于辰，贛于巳，[2]敆于午，坪于未，盇于申，工于栖（酉），[3]坐于戌，盍于亥，城于子，复于丑，菀于寅，[4]敆于卯。13壹

【夏层：建于】巳，贛于午，敆于未，坪于申，盇于栖（酉），工于

戌,坐于亥,盍于子,城于丑,复于寅,菀于卯,散于辰。14 壹

【享月:建于】午,籁于未,敀于申,坪于栖(酉),盗于戌,工于亥,坐于子,盍于丑,城于寅,复于卯,菀于辰,散于巳。15 壹

夏栾:建于未,籁于申,敀于栖(酉),坪于戌,盗于亥,工于子,坐于丑,盍于寅,城于卯,复于辰,菀于巳,散于午。16 壹

八月:建于申,籁于栖(酉),敀于戌,坪于亥,盗于子,工于丑,坐于寅,盍于卯,城于辰,复于巳,菀于午,散于未。17 壹

九月:建于栖(酉),籁于戌,敀于亥,坪于子,盗于丑,工于寅,坐于卯,盍于辰,城于巳,复于午,菀于未,散于申。18 壹

十月:建于戌,籁于亥,敀于子,坪于丑,盗于寅,工于卯,坐于辰,盍于巳,城于午,复于未,菀于申,散于栖(酉)。19 壹

贠月:[5]建于亥,籁于子,敀于丑,坪于寅,盗于卯,工于辰,坐于巳,盍于午,城于未,复于申,菀于栖(酉),散于戌。20 壹

【献】马:建于子,籁于丑,敀于寅,坪于卯,盗于辰,工于巳,坐于午,盍于未,城于申,复于栖(酉),菀于戌,散于亥。21 壹

【冬栾:建于】丑,籁于寅,敀于卯,坪于辰,盗于巳,工于午,坐于未,盍于申,城于栖(酉),复于戌,菀于亥,散于子。22 壹

屈栾:建于寅,籁于卯,敀于辰,坪于巳,盗于午,工于未,坐于申,盍于栖(酉),城于戌,复于亥,菀于子,散于丑。23 壹

远栾:建于卯,籁于辰,敀于巳,坪于午,盗于未,工于申,坐于栖(酉),盍于戌,城于亥,复于子,菀于丑,散于寅。24 壹

凡建日,大吉,利以取(娶)妻、祭祀、竺(筑)室、立社襏(稷)、繏(带)鐱(剑)、冠。13 贰

凡籁日,不利以□□,利以为张罔(网)。[6]14 贰

凡敀日,惨矍之日,[7]不利以祭祀、聚众、□迖(去)、遟(徙)豪

(家)。15 贰

凡坪日,利以祭祀、和人民、訨事。[8] 16 贰

凡寍日,利以取(娶)妻、内(入)人、㞍(徙)冡(家)室。[9] 17 贰

凡工日,不吉,是胃(谓)无紀。18 贰

凡坐日,无为而可,[10] 女(如)以祭祀,必又(有)三□。19 贰

凡盍日,利以折(制)衣裳(裳)、絽纕、[11] 折(制)布𧞫(褐)、[12] 为门肤(闾)。[13] 20 贰

凡城日,大吉,利以结言、[14] 取(娶)妻、冡(嫁)子、[15] 内(入)人、城(成)言。[16] 21 贰

凡复日,[17] 不吉,无为而可。22 贰

凡菀日,可以为少(小)社。[18] 23 贰

凡敓日,利以冡(嫁)女、见人、瑏(佩)玉。24 贰

## 【注释】

[1] 楚国的第四个月名,相当于夏历的正月。

[2] 竷,原字形作。李家浩分析为从"止"从"歂",并指出《说文》"贛""竷""戇"等字所从的声旁"䪨",即为"歂"之讹。陈剑则将"歂"分析为从章从欠,"欠"是起表音作用的声符。并进一步指出,歂(或从"欠")都是由金文中的"𢼊"演变而来,而"𢼊"又是"贛""贡"的表意初文,以两手奉玉璋表示赐予或贡献之义。《诗经·小雅·伐木》"坎坎鼓我",《说文》"竷"下引作"竷竷鼓我",古书中又有"坎"通作"陷"的例子,可知赣、坎、陷等上古音近可通。睡虎地《日书》甲、乙种分别作陷、窞,与九店简的"竷"也是通假关系。由此再来看九店楚简的"歂",当是假借赐予、贡献义的"𢼊"字,又把"𢼊"字的右旁改造成声符"欠"。这种把表意字的一部分字形改换成声符的例子在古文字中是很常见的。

[3] 栖,原字形作(A),"木"写在"酉"字的内部,或分析为从木酉。

在楚文字资料中,也可以写成上木下酉之形,如包山楚简 27 作▨(B)。二者皆用作干支字的"酉"。从用字的频率看,后者(B)用例较少。陈斯鹏认为:"很可能是人们为了分散'酉'字的记词任务,先将'酉'字表示酒尊花纹的部分加以改造变形为'木'形,于是创造出 A,用以表{酉};后来大概是因为 A 的结构过于诡异奇特,又开始出现将'木'形移至'酉'上的 B。也就是说,楚简中表{酉}的'栖'是'酉'字分化来的,它应该与后世文献中柞栖之'栖'无关。"(陈斯鹏 2011)需要说明的,引文中的加{ }的部分,表示的是语言中的词。

[4]菀,原字形作▨,李家浩将此字分析为从艸甸声。据后出的郭店简、上博简等楚文字资料,其下部所从实即"邍"上部的"备"(后世"邍"被"原"字所取代,其上部所从"备"形与简化汉字的准备之"备"无关),或认为其构形可分析为从田"夗"省声。睡虎地秦简《日书》甲、乙种分别作"奂""窓",乃音近相通。

[5]夋,根据睡虎地秦简《日书》甲种《日夕》中的秦楚月名对照资料,此字读作"爨"。"夋",原字形作▨,上部从"允"为声符,下从炅表意。允、爨古音接近,故可通假。此字楚简中多见,"允"或省作"厶","日"或写作"田"形,如▨(包山楚简 76 号简)。夋作为形声字,不见于后世的字书,与会意字的"爨"声义相通,《说文·臼部》:"爨,齐谓之炊爨。臼象持甑,冂为灶口,廾推林内火。"包山简中还有从夋从戈的字,李家浩认为当读作"攒",《玉篇·矛部》:"攒,鋋也。矡,同上。"《说文·金部》:"鋋,小矛也。"

[6]为,制作;张网,一种网的名称。

[7]悋,读为践,可理解为踩踏。蔓,读为镢,一种农具。"悋镢之日",指耕种之日。

[8]詎,通属。詎(属)事,即上级官长将讼狱交付给下级官员办理。

[9]屖,又或加辶旁作遟,见 90、91 号简。甲骨文中有▨,金文中有▨,皆为"犀"的表意初文,字形下部的几个小点后演变为声符"少"。楚文字中多有屖及从屖之字,《说文》"徙"字古文作▨,屖、遟皆上承"犀"字甲

骨、金文字形而来。屪以少为声,与沙、徙等音近可通,故屪可读作"徙"。

豝,此用为"家"字,上部的"宀"形为羡符。与之类似的,楚简中的"室""宼"等字的上部也有赘加"宀"的例子。

〔10〕无为而可,即不做任何事情就可以。

〔11〕謵鑸,或认为即"袛衼",《方言》卷四:"小袴谓之袛衼,楚通语也。"

〔12〕靐,读为褐。

〔13〕肤,读为间。间,里巷的门。

〔14〕结言,用言辞订约。

〔15〕豝,用为家字,读作嫁。上古汉语"子"作为上位义,可包括儿、女,如下篇《丛辰》简30"生子,男吉,女必出其邦",其中的"生子"之"子",以赅下文的男、女。因此,"嫁子"可以理解为嫁女。

〔16〕城(成)言,议定,达成协议。

〔17〕复,简文原作遼,即《说文》"復"字古文。古文字中,辶、彳作为偏旁常可通用。

〔18〕祍,读作攻,祭祀之一种。

## 【译文】

【習】屄:建日在辰,赣日在巳,敚日在午,坪日在未,窓日在申,工日在栖(西),坐日在戌,盍日在亥,城日在子,复日在丑,菀日在寅,散日在卯。13 壹

【夏】屄:建日在巳,赣日在午,敚日在未,坪日在申,窓日在栖(西),工日在戌,坐日在亥,盍日在子,城日在丑,复日在寅,菀日在卯,散日在辰。14 壹

【享月:建日在午,赣日在未,敚日在申,坪日在栖(西),窓日在戌,工日在亥,坐日在子,盍日在丑,城日在寅,复日在卯,菀日在辰,散日在巳。15 壹

夏夵：建日在未,豷日在申,敔日在栖(酉),坪日在戌,窋日在亥,工日在子,坐日在丑,盇日在寅,城日在卯,复日在辰,菀日在巳,散日在午。
16 壹

八月：建日在申,豷日在栖(酉),敔日在戌,坪日在亥,窋日在子,工日在丑,坐日在寅,盇日在卯,城日在辰,复日在巳,菀日在午,散日在未。
17 壹

九月：建日在栖(酉),豷日在戌,敔日在亥,坪日在子,窋日在丑,工日在寅,坐日在卯,盇日在辰,城日在巳,复日在午,菀日在未,散日在申。
18 壹

十月：建日在戌,豷日在亥,敔日在子,坪日在丑,窋日在寅,工日在卯,坐日在辰,盇日在巳,城日在午,复日在未,菀日在申,散日在栖(酉)。
19 壹

臭月：建日在亥,豷日在子,敔日在丑,坪日在寅,窋日在卯,工日在辰,坐日在巳,盇日在午,城日在未,复日在申,菀日在栖(酉),散日在戌。
20 壹

【献】马：建日在子,豷日在丑,敔日在寅,坪日在卯,窋日在辰,工日在巳,坐日在午,盇日在未,城日在申,复日在栖(酉),菀日在戌,散日在亥。21 壹

【冬夵：建】日在丑,豷日在寅,敔日在卯,坪日在辰,窋日在巳,工日在午,坐日在未,盇日在申,城日在栖(酉),复日在戌,菀日在亥,散日在子。22 壹

屈夵：建日在寅,豷日在卯,敔日在辰,坪日在巳,窋日在午,工日在未,坐日在申,盇日在栖(酉),城日在戌,复日在亥,菀日在子,散日在丑。
23 壹

远夵：建日在卯,豷日在辰,敔日在巳,坪日在午,窋日在未,工日在申,坐日在栖(酉),盇日在戌,城日在亥,复日在子,菀日在丑,散日在寅。
24 壹

凡建日，大吉，利于娶妻、祭祀、筑室、建立社稷、带剑、戴冠。 13 贰

凡赣日，不利于……，利于制作张网。 14 贰

凡敔日，是耕种之日，不利于祭祀、聚众、□去、徙家。 15 贰

凡坪日，利于祭祀、和人民、委派交付事务。 16 贰

凡窨日，利于娶妻、接纳人、迁徙家室。 17 贰

凡工日，不吉，就是所说的无□。 18 贰

凡坐日，不做事情就可以，如果祭祀，必有三□。 19 贰

凡盍日，有利于缝制衣服、缝制布的衣服、垒建门墙。 20 贰

凡成日，大吉，利于达成协议、娶妻、嫁女、接纳人、完成协议。 21 贰

凡复日，不吉，不做事情即可。 22 贰

凡菀日，可以进行小攻的祭祀。 23 贰

凡敆日，利于嫁女、会见他人、佩戴玉饰品。 24 贰

# 【延展阅读】

## 一、秦楚月名

"刏层"与下文的"夏层"等皆为楚月名。睡虎地秦简《日书》甲种《日夕》：

十月楚冬夕，日六夕七〈十〉。 64 贰

十一月楚屈夕，日五夕十一。 65 贰

十二月楚援夕，日六夕十。 66 贰

正月楚刑夷，日七夕九。 67 贰

二月楚夏屎，日八夕八。 64 叁

三月楚纺月，日九夕七。 65 叁

四月楚七月，日十夕六。 66 叁

五月楚八月，日十一夕五。 67 叁

六月楚九月，日十夕六。 64 肆

七月楚十月，日九夕七。65 肆

八月楚爨月，日八夕八。65 肆

九月楚献马，日七夕九。67 肆

与其中日夕比例一致的内容也见于放马滩秦简《日书》乙种，只是用"夜"字代"夕"，所以整理者命名为《日夜》：

■正月日七夜九。56 贰

二月日八夜八。57 贰

三月日九夜七。58 贰

四月日十夜六。59 贰

五月日十一夜五。60 贰

六月日十夜六。61 贰

七月日九夜七。62 贰

八月日八夜八。63 贰

九月日七夜九。64 贰

十月日六夜十。56 叁

十一月日五夜十一。67 叁

十二月日六夜十。58 叁

类似的内容也见于其他简牍，但其计算方法都非常一致，就是将一昼夜划分为十六等分，随着季节的推移，每个月昼夜长短的比例也会有变化，但昼夜的总和都是十六。《论衡·说日》中有类似记载：

儒者或曰日月有九道，故曰日行有近远，昼夜有长短也。夫复五月之时，昼十一分，夜五分；六月，昼十分，夜六分；从六月往至十一月，月减一分。此则日行，月从一分道也。岁，日行天十六道也，岂徒九道。

其所述与秦简的《日夕》是一致的。需要注意的是有关秦楚月名对照的资料,《九店楚简》一书将其称为《秦楚月名对照表》,后来胡文辉认为此说不确,只是在《日夕表》中附有楚历和秦历月名的对照而已。其中提供的秦楚月名对照的资料,可列表如下:

**秦楚月名对照表**

| 月序 | 一 | 二 | 三 | 四 | 五 | 六 | 七 | 八 | 九 | 十 | 十一 | 十二 |
|---|---|---|---|---|---|---|---|---|---|---|---|---|
| 秦月 | 十月 | 十一月 | 十二月 | 一月 | 二月 | 三月 | 四月 | 五月 | 六月 | 七月 | 八月 | 九月 |
| 秦简中的楚月名 | 冬夕 | 屈夕 | 援夕 | 刑夷 | 夏屎 | 纺月 | 七月 | 八月 | 九月 | 十月 | 爨月 | 献马 |
| 九店楚简月名 | 冬栾 | 屈栾 | 远栾 | 䣼层 | 夏层 | 享月 | 夏栾 | 八月 | 九月 | 十月 | 叟月 | 【献】马 |

其中秦简中楚月名的用字,与九店楚简或有不同,如"夕/栾""援夕/远栾""刑夷/䣼层""纺/享"等,都是音近通假的关系。"夏屎"与"夏层","屎"当是形近而讹。

楚简中的十二月名,除了见于上面的楚简、秦简外,也有个别月名见于包山楚简和楚国的铜器铭文,如"夏层"的用例:

> 襄陵之岁夏层之月乙亥之日。 　　　　　（《鄂君启舟节、车节》）
> 夏层之月甲戌之日。 　　　　　　　　　（《包山楚简》12）
> 夏层之月癸卯之日……夏层之月己栖（酉）之日……夏层之月癸卯之日。 　　　　　　　　（《包山楚简》126、128）

其他月名的例子不再赘举。这十二个月名,除"八月、九月、十月"三个月名以数字命名外,其他月名无论名称还是用字都比较特殊。晏昌贵在谈到其来历时,认为或许与神祇祭祀活动有关。如其中的"栾""层",所从的

"示"为意符,《说文》说:"示,天垂象,见吉凶,所以示人也。从二。三垂,日、月、星也。观乎天文以察时变。示,神事也。"桂馥《说文解字义证》:"《周官》古文所论神祇皆从示。"《周礼·春官·大宗伯》:"大宗伯之职,掌建邦之天神、人鬼、地示之礼,以佐王建邦保国。以吉礼事邦国之鬼神示。"可知《说文》中的"示"及从"示"之字,多与神祇祭祀有关。再如"享月"之"享",原作"亯",《说文》:"亯,献也。从高省。曰:象孰物形。《孝经》曰:祭则鬼亯之。亯,篆文亯。"《广雅·释言》:"亯,祀也。"可知"享月"当与祭祀有关。"享"可训为"献",因此"献马"亦含有祭祀之义。楚月名用字可以作文字学的分析,虽然有的字还见于其他出土文字资料中,如"层"字还见于上博简《平王问郑寿》《天子建州》及马王堆帛书《式法》,但与作为月名组成部分的"层"在词义上是否有关联尚不得而知。月名作为专有名词,缺乏上下文意的限定,因此其得名之由难以索解。目前对楚月名的来历的解释,尚难有比较确定的说法。

还需要说明的是,秦历以夏历十月为岁首,上表中"秦月"的名称与夏历是一样的,只是顺序不同。楚简"酓层"相当于夏历的正月,其他月名可依次类推。楚简八月、九月、十月等三个月的月名与秦月序同。

## 二、秦楚及后世的建除十二直

这一篇 13—24 号简的内容,分为上下两部分,第一部分制成表格则如下:

| | 建 | 竷 | 啟 | 坪 | 窢 | 工 | 坐 | 盍 | 城 | 復 | 莵 | 散 |
|---|---|---|---|---|---|---|---|---|---|---|---|---|
| 酓层 | 辰 | 巳 | 午 | 未 | 申 | 酉 | 戌 | 亥 | 子 | 丑 | 寅 | 卯 |
| 夏层 | 巳 | 午 | 未 | 申 | 酉 | 戌 | 亥 | 子 | 丑 | 寅 | 卯 | 辰 |
| 享月 | 午 | 未 | 申 | 酉 | 戌 | 亥 | 子 | 丑 | 寅 | 卯 | 辰 | 巳 |
| 夏栾 | 未 | 申 | 酉 | 戌 | 亥 | 子 | 丑 | 寅 | 卯 | 辰 | 巳 | 午 |

| | 建 | 贛 | 敆 | 坪 | 宭 | 工 | 坐 | 盇 | 城 | 复 | 菀 | 散 |
|---|---|---|---|---|---|---|---|---|---|---|---|---|
| 八月 | 申 | 酉 | 戌 | 亥 | 子 | 丑 | 寅 | 卯 | 辰 | 巳 | 午 | 未 |
| 九月 | 酉 | 戌 | 亥 | 子 | 丑 | 寅 | 卯 | 辰 | 巳 | 午 | 未 | 申 |
| 十月 | 戌 | 亥 | 子 | 丑 | 寅 | 卯 | 辰 | 巳 | 午 | 未 | 申 | 酉 |
| 臭月 | 亥 | 子 | 丑 | 寅 | 卯 | 辰 | 巳 | 午 | 未 | 申 | 酉 | 戌 |
| 献马 | 子 | 丑 | 寅 | 卯 | 辰 | 巳 | 午 | 未 | 申 | 酉 | 戌 | 亥 |
| 冬柰 | 丑 | 寅 | 卯 | 辰 | 巳 | 午 | 未 | 申 | 酉 | 戌 | 亥 | 子 |
| 屈柰 | 寅 | 卯 | 辰 | 巳 | 午 | 未 | 申 | 酉 | 戌 | 亥 | 子 | 丑 |
| 远柰 | 卯 | 辰 | 巳 | 午 | 未 | 申 | 酉 | 戌 | 亥 | 子 | 丑 | 寅 |

　　第二部分,"凡建日……"则是相关的占卜文字。根据第一部分,可以就建除所值之日来占卜各种宜忌。这作为一种风俗习惯,在古书里也有记载,如《意林》引《风俗通义》:"俗云:五月到官,至老不迁。今年有茂才除萧令,五月到官,破日入舍,视事五月。四府所表,迁武陵令。余为营陵令,正触太岁,主簿令余东北上,余不从。在事五月,迁太山守。"

　　建除十二直的名称,后世或称为建除十二神煞、建除十二辰、建除十二客等,出土文献用字多有不同,传世文献用字则较为统一,列表如下:

| | 九店楚简 | 建 | 贛 | 敆 | 坪 | 宭 | 工 | 坐 | 盇 | 城 | 复 | 菀 | 散 |
|---|---|---|---|---|---|---|---|---|---|---|---|---|---|
| 楚系 | 睡虎地秦简《日书》甲种"除" | 建 | 陷 | 彼 | 平 | 宁 | 空 | 坐 | 盖 | 成 | 甬 | 奂 | 媚 |
| | 睡虎地秦简《日书》乙种"除" | 建 | 窖 | 作 | 平 | 成 | 空 | 鬒 | 盇 | 成 | 复 | 窓 | 赢 |
| 秦系 | 睡虎地秦简《日书》甲种"秦除" | 建 | 除 | 盈 | 平 | 定 | 执 | 破 | 危 | 成 | 收 | 开 | 闭 |
| | 放马滩秦简《日书》甲种"建除" | 建 | 除 | 盈 | 平 | 定 | 摯 | 彼 | 危 | 城 | 收 | 开 | 闭 |

续　表

| 汉代及后世说法 | 《淮南子·天文》 | 建 | 除 | 满 | 平 | 定 | 执 | 破 | 危 | 城 | 收 | 开 | 闭 |
|---|---|---|---|---|---|---|---|---|---|---|---|---|---|
| | 孔家坡汉简《建除》 | 建 | 除 | 盈 | 平 | 定 | 执 | 破 | 危 | 成 | 收 | 开 | 闭 |
| | 《协纪辨方书》 | 建 | 除 | 满 | 平 | 定 | 执 | 破 | 危 | 成 | 收 | 开 | 闭 |

以上表格可以明显看出，建除十二直分楚、秦两个系统，汉代及后世的说法也应是继承秦系而来。每系内的每一名称虽用字不同，但基本是语音通假或意思相通。因此，有学者指出如果不拘泥于十二直的顺序，则楚系的"彼""敂"，即秦系的"颇"，楚系的"坐"与秦系的"危"关系也比较密切。很明显，楚、秦二系的十二直有大半用字完全一致或读音相近。因此两种不同系统的"建除"应该有较为密切的关系。

先秦秦汉古籍中也有建除的零星记载，《日知录》卷三十"建除"条曾论述说：

> 建除之名，自斗而起。始见于太公《六韬》云："开牙门常背建向破。"《越绝书》："黄帝之元，执辰破巳，霸王之气见于地户。"《淮南子·天文训》："寅为建，卯为除，辰为满，巳为平。午为定，未为执，申为破，酉为危，戌为成，亥为收，子为开，丑为闭。"《汉书·王莽传》："十一月壬子直建。""戊辰直定。"盖是战国后语。《史记·日者传》有建除家。

《汉书·王莽传》的例子，晏昌贵指出："以秦简《日书》建除术推之，十一月'建'子，'定日'值辰。"

这十二个名称，后世一直沿用，如敦煌出土的中古具注历。《玉匣记》卷三称为"十二建星"："即建、除、满至开、闭是也。如子年，子上起建，丑为除，顺数而去；丑年，丑上起建，寅为除。建为岁君，为元神，为众吉众凶之主帅，可坐不可向，在山在方，叠吉星则大吉，叠凶星则大凶。"后面罗列十二建星的名称,每一名称后面附有占断吉凶的文字,如"建:为太岁,可吉可凶。满:为天富,小吉;为土瘟,又为四利之丧门,凶;又为飞廉,大凶"。十二建星的名称,与《淮南子·天文》是一致的。

再如清代《协纪辨方书》卷四"义例"二"建除十二种":"历书曰:'历家以建、除、满、平、定、执、破、危、成、收、开、闭凡十二日,周而复始,观所值以定吉凶。每月交节则迭两值日。其法从月建上起,建与斗杓所指相应,如正月建寅则寅日起建,顺行十二辰是也。'"

建除十二直,其本义或得名之由,目前也有不同的说法,如王子今认为,"除"之初义,即应从"建"对应的角度理解。"建除"之称,显然也与十二日名中"建"日和"除"日位列最先有关。此说有一定道理,就秦系即后世的十二直的名称看,如"盈/满"和"平"、"开"和"闭"明显在词义上是相对的。《协纪辨方书》卷四曾有说明:

> 建除之本义,以年统时,以时统月,以月统日,虽原本与五行而以建为重。……建者,一月之主,故从建起义而参伍于十二辰,古之所谓建除家言也。建次为除,除旧布新,月之相气也,一生二,二生三,三者,数之极也,故曰满。满则溢矣,《易》曰"坎不盈,祗既平"。概满则平,继满,故必以平也。平则定,建前四位则三合,合亦定也。定则可执矣,故继之以执。执者,守其成也,物无成而不毁,故继之以破。对七为冲,冲则破也。救破以危,在《易》"己日乃革之"。"己",十干之第六,"破",十二辰之第七,其义同也,是故救破以危。既破危而心知危,《孟子》曰:"危故达。"夫心能危者,事乃成矣,不必待其成后知为达也。《淮南子》云:"前三后五,百事可举。""平",前三也;"危",后五也。继危者成。何以成?建三合备也。既成必收,自建至此而十。十,极数也。数无终极之理,开之。开之云者,十即一也。一生二,二生三,由此一而三之,则复为建矣。建固生于开者也,故开为生气也。气始萌芽不闭,则所谓发天地之房而物不能以生,故受之以闭终焉。

唯其能闭，故复能建，与《易》同也。又按：自建至闭十二神，其辰皆由建改而递更，古今论说纷纭，吉凶不一。夫止以建除论吉凶，未甚彰显著明也。此建则彼除，十二辰自然轮转耳。迨夫参以万事，错以二气五行，然后吉凶生焉。特其吉凶之大小剂量，则生于建除。

以上对"十二直"名称本义的解说可供参考。

## 三、坐

"坐"字原字形作🀄，或释为"危"。此字独立使用或以为偏旁的例子，多见于楚简。陈剑指出："古代之'坐'本即'跪'，'危'应是'跪'之初文，'危'与'坐'形音义关系密切，很可能本为一语一形之分化。"邬可晶已归纳指出，目前所见"坐""跪"同字的现象都集中出现在楚系文字中。从词义的角度说，先秦两汉时期的"坐"即"跪坐"，因此在这一点上"跪"与"坐"的"所指"是相同的，因此楚简中的"🀄"是释为"坐"还是"危（跪）"尚难以说定。相对应的睡虎地秦简《日书》甲种，"坐"字则写作🀄，《日书》乙种则写作🀄，可释写为髽。至于秦简中的坐和髽，刘乐贤认为二者是对楚简🀄的误读，大概有两方面的原因：

> 一是因为楚、秦文字的不同。"坐""危"二字在楚文字中因形近而混用，在秦文字中的写法却有明显区别。从字形看，楚文字的🀄与秦文字的"坐"有共同之处，而与秦文字的"危"不近，因此，它更容易被转写为秦文字的"坐"。二是因为楚、秦选择术的不同。从睡虎地秦简《日书》看，秦人对楚系选择术的细节并不熟悉，抄录时常有错误。例如，从上文所列楚、秦建除十二直比较表可以看出，"睡简除乙"的"作"和"赢"分别是"彼"和"媚"的误抄（参见李家浩《睡虎地秦简〈日书〉"楚除"的性质及其它》）。又如，上文已经指出，睡虎地秦简《日书》将楚系"建除"和"丛辰"两术合抄到了一篇文字之中，并且以"除"名篇，名不

副实,容易让人产生误会。在这样的文本中出现将楚系选择术的"是(危)"误读为"坐"的现象,是不足为怪的。(刘乐贤2006)

## 四、秦楚《建除》占文的比较

《建除》在睡虎地秦简《日书》甲、乙种中各有两篇。《日书》甲种现存原有题名为《除》《秦除》,其中《除》的占断文字用的是《丛辰》中的"结日""阳日"等来开头。《日书》乙种也有两篇,第一篇《除》原无题名,其占断文字以"恣、结之日""赢、阳之日"开头,一般认为是《建除》《丛辰》的糅合。在放马滩秦简《日书》甲、乙种也各有《建除》,在孔家坡汉简中也有《建除》篇。上文在讨论建除十二直的用字时,已指出可分秦、楚两个系统。下面将以上《建除》中的占文,作一简单比较。由于占文较多,只比较建日、除日两条占文。

| 除/建除 | 建　日　占　文 | 除　日　占　文 |
|---|---|---|
| 九店楚简 | 凡建日,大吉,利以取(娶)妻、祭祀、竺(筑)室、立社褬(稷)、繛(带)鏱(剑)、冠。 | 凡韄日,不利以□□,利以为张冈(网)。 |
| 睡虎地秦简甲种《秦除》 | 建日,良日也。可以为啬夫,可以祠。利枣(早)不利莫(暮)。可以入人、始寇〈冠〉、乘车。有为也,吉。 | 除日,臣妾亡,不得。有瘴病,不死。利治责斁(彻)□□□除皋(罪)、饮乐(药)。攻击,不可以执。 |
| 睡虎地秦简乙种《除二》 | 建【日,利□】……【初寇〈冠〉、带】剑、乘车,【可】☒ | 徐日,可以请谒,有□……□。 |
| 放马滩秦简甲种《建除》 | 建日,良日殹。可为啬夫,可以祝祠,可以畜大生(牲),不可入黔首。 | 除日,逃亡不得,瘴疾死,可以治啬夫,可以彻言君子、除罪。 |
| 放马滩秦简乙种《建除》 | 建日,良日殹。可为啬夫,可以祝祠,可以畜大生(牲),不可入黔首。 | 除日,逃亡不得,瘴疾死,可以治啬夫,可以斁(彻)言君子、除皋(罪)。 |

| 除/建除 | 建 日 占 文 | 除 日 占 文 |
|---|---|---|
| 孔家坡汉简《建除》 | 建日,可为大啬夫、冠带、乘车。不可 以 □□夫。可以祷祠,利朝不利莫（暮）。可以入人。 | 除日,奴婢亡,不得。有瘅病者死。可 以 □□□、□言君子。可以毁除。可以饮乐（药）。以功（攻）,不报。 |

对比可知,其中有些带有明显时代或地域特点词汇或用语,如"殴""也"字在语法功用上基本是一致的,但在不同批次简牍里的分布则是非常有规律的,一般认为前者"殴"具有明显的秦方言特色。再如"黔首",据《史记·秦始皇本纪》记载,秦王政二十六年并兼天下,"更名民曰'黔首'"。"黔首"也就成了一个非常具有时代特点的词汇,如放马滩秦简"不可入黔首",对应的孔家坡汉简则作"不可入人"。至于其他方面,无论是句法还是词汇,各文本之间的文字差异,其间难以讲清有明显的转抄层递关系。

## 五、古文字由表意到形声的发展变化

关于汉字的形体结构,传统上有"六书"的说法,即许慎在《说文解字叙》里说的"指事、象形、会意、形声、假借"。由于许慎对"六书"的说解非常简单,后世的理解也就有很多分歧。清代学者戴震曾提出"四体二用"说,即"六书"的前四种是汉字的构造方法,后两种是用字方法。后来唐兰、陈梦家提出"三书说",裘锡圭在此基础上,把汉字的基本类型分为三类,即表意字、形声字和假借字。在古文字阶段,汉字中形声字所占的比重不断提高,有学者统计《说文解字》中形声字的比重已占到80%以上。

文字作为记录语言的视觉符号,沟通其与语言之间的最直接的纽带,就是语言的物质外壳即语音。因此,汉字在发展过程中,形声字的比重不断提高,也是与文字与语言之间的这种关系相契合的。加之文字的假借、词义的分化以及文字记录语言的准确性的要求等,都使得形声字不断涌现。裘锡圭在《文字学概要》里曾指出形声字产生的途径有四种,下面分别举例说明:

一是在表意字上加注音符。如齿,甲骨文或作🔲,像牙齿之形,后加注声符"止",即小篆的齒。再如"自",甲骨文或作🔲,像鼻子之形,后加注声符"畀",即后世使用的"鼻"。

二是把表意字的一部分改换成声符。如九店楚简 35 号简中的"歠",甲骨文或作🔲,像人低头饮酒之形,后把其左上的口舌部分改换为外形接近的声符"今",小篆作🔲(歙),后又改左旁为"食"而成"飲(饮)"。上文提到的"赣",陈剑指出是从表意字"赣"变化来,作为建除十二直之一的"赣"则写作歉,其声符"欠",即由"赣"的右旁变化而来。上文已提到"屖",也是把表意字的一部分改换成声符。

三是在已有的文字上加注意符。如狮子的{狮},本假借"师"来记录,后加意符"犬"而成形声字"狮"。再如"厄",古文字本像车轭之形,后加"车"旁以明确其本义。这种为明确其本义而加意符的例子还有很多,如莫与暮、豆与桓、午与杵、州与洲、孚与俘、止与趾、康与糠等。

四是改换形声字的偏旁。如"赈",改换"振"的左旁而来。上文举过的"饮"即改换"歠"左旁而来。

除了上面说的几种情况外,也有为表意字另造形声字的例子,如甲骨文中的🔲,会以手掬水洗面之意,后改为形声字"沫",《说文·水部》:"沫,洒面也。"上文《建除》中的"貧"为形声字,而后世所用的"爨"则为会意字。需要说明的是,文字的发展演变是非常复杂的,尤其具体到某些字更需要多方面的考虑。

# 三、丛　辰

## 【释文】

【寅、卯、辰】、巳、午、未、申、栖(酉)、戌、亥、【子】、丑,是胃(谓)

结日,作事,不果。[1] 以祭,芟(肯)。[2] 生子,无俤(弟);女(如)又(有)俤(弟),必死。以亡货,不再(称)。[3] 以鼠田邑,[4] 芟(肯)。25

【卯、辰、巳】、午、未、申、栖(酉)、戌、亥、子、丑、寅,是胃(谓)易(阳)日,百事训(顺)城(成)。邦君得年,[5] 少(小)夫四城(成)。[6] 以为上下之祷祠,[7] □神卿(飨)之,乃浧(盈)其志。[8]26

辰、巳、午、未、申、栖(酉)、戌、亥、子、丑、寅、卯,是胃(谓)交日,利以串(穿)床(户)秀(牖),[9] 臿(凿)汬(井),行水事,[10] 吉。又(有)志百事,大吉。[11] 利以内(纳)室。以祭门、桼(行),[12] 向(飨)之。27

巳、午、未、申、栖(酉)、戌、亥、子、丑、寅、卯、辰,是胃(谓)□日,利以逹(解)兇(凶),[13] 叙(除)不羊(祥)。利以祭门、桼(行),叙(除)疾。以祭、大事、聚众,[14] 必或龗(乱)之。以堣(寓)人,救(夺)之室。[15]28

午、未、申、栖(酉)、戌、亥、子、丑、寅、卯、辰、巳,是胃(谓)含(阴)日,利以为室豪(家),祭,取(娶)妻,豪(嫁)女,内(入)货,吉。以见邦君,不吉,亦无咎。29

未、申、栖(酉)、戌、亥、子、丑、寅、卯、辰、巳、午,是胃(谓)达日,利以行币(师)徒,[16] 出正(征),得。以祭,少(小)大吉。生子,男吉,女必出其邦。逃人不得,利于寇逃(盗)。30

【申】、栖(酉)、戌、亥、子、丑、寅、卯、辰、巳、午、未,是胃(谓)外易(阳)日,[17] 利以行作,【迊(跖)】四方埜(野)外,[18] 吉。以田轚(猎),隻(获)。逃人不得,无聏(闻),执(设)罔(网),[19] 得,大吉。31

【栖(酉)】、戌、亥、子、丑、寅、卯、辰、巳、午、未、申,是胃(谓)外害日,不利以行作,迊(跖)四方埜(野)外,必无堣(遇)寇逃(盗),必兵。是古(故)胃(谓)不利于行作、埜(野)事,[20] 不吉。32

戌、亥、子、丑、寅、卯、辰、巳、午、未、申、栖（酉），是胃（谓）盒（阴）日，利以祭，内（入）货，吉。以作卯事，[21]不吉。以远行，旧（久）。是古（故）不利以行□。[22]33

亥、子、丑、寅、卯、辰、巳、午、未、申、栖（酉）、戌，是胃（谓）绝日，无为而可，名之曰死日。生子，男不薔（留）。[23]逃人不得。利以叙（除）絫（盟）禣（诅）。34

子、丑、寅、卯、辰、巳、午、未、申、栖（酉）、戌、亥，是胃（谓）□日，[24]利于歕（饮）飤（食）；女（如）远行，刬。[25]曰：居又（有）飤（食），行又（有）得。生子，男必歊（美）于人。内（入）货，吉。35

丑、寅、卯、辰、巳、午、未、申、栖（酉）、戌、亥、子，是胃（谓）采〈采〉日，[26]利以大祭之日，利以冠，□车马，[27]折（制）衣綿（裳）、表紌。[28]伥（长）者吉，幽（幼）子者不吉。[29]繣（带）鏀（剑）、冠，吉。以生，[30]吉。36

## 【注释】

［1］不果，不成。

［2］笺，上部所从的厸，即《说文》"邻"之古文；厸、文皆表声，读为吝，小有不利，即悔恨、遗憾之意。

［3］不再（称），不得之意。

［4］鼠，读为纳，类似现代常说的买进。

［5］年，成熟、丰收。

［6］小夫，指无爵位者。也见于《商君书·境内》《庄子·列御寇》，成玄英疏曰："犹匹夫也。"

［7］上下，指天地。

［8］涅，读为盈，满足、达到。

［9］串，读为穿。《淮南子·诠言》："百姓穿户凿牖，自取照焉。"

[10] 行水事,治水之事。

[11] 又(有)志百事,即有志于百事。

[12] 絫,即古书中的行,神灵名。古书中常说的"五祀"之一。《礼记·月令》郑玄注:"五祀,门、户、中霤、灶、行也。"

[13] 迣,读为解。与后面"除不祥"之"除"义近。

[14] 大事,军事活动。

[15] 堣,读为寓,寄寓、寄居。睡虎地秦简《日书》乙种"而遇(寓)人,人必夺其室",可参照。

[16] 行帀(师)徒,即"行师",指出兵。

[17] 外易,即外阳,即楚简中的"危阳"。"外阳"与"正阳"相对,"外""危"与"正"相对。

[18] 迒,读为跖,古书多写作蹠,到、至的意思。

[19] 无闻,没有消息。

[20] 埜(野)事,即上文简 32"迒(跖)四方埜(野)外"之事。

[21] 卯,通贸。

[22] 行下一字,似是"作"字。

[23] 留,留居。

[24] "日"上一字,可能是"光"字的讹体。"光日"当是睡虎地秦简《日书》中"夬光日"或"夬光之日"的省称。

[25] 钊,读为佋,平安。

[26] 采,为釆字之误。《说文·禾部》:"釆,禾成秀人所收者也。"段注:"釆与秀古互训。"古代"釆"也有"秀"音。睡虎地秦简《日书》甲种楚除和乙种楚除皆作"秀日"。

[27] "车马"上一字,当释为"寻"。睡虎地秦简《日书》甲种有"寻车"(简 13 贰)、"寻衣裳"(简 32),"寻"与"作""作为"义近。或读为"探",解释为"试"。

[28] 紎,读为帜;表帜,相当于古书中的表识、表帜。

［29］幽子，或释为"嫛"，读为"幼"。

［30］生，指生子。

## 【译文】

【寅、卯、辰】、巳、午、未、申、栖（酉）、戌、亥、【子】、丑，被称为结日，作事，不会成功。在这些天里祭祀，会有灾祸。生子，会没有弟弟；女（如）有弟弟，一定会死亡。丢失了货物，不会复得。入手田地，会有灾祸。25

【卯、辰、巳】、午、未、申、栖（酉）、戌、亥、子、丑、寅，被称为阳日，百事顺遂。邦君会得到好年成，未得到爵位的人有四年的丰收。对各种神灵进行祷祠，鬼神会享用接受，于是愿望就会实现。26

辰、巳、午、未、申、栖（酉）、戌、亥、子、丑、寅、卯，被称为交日，利于修建门窗，凿井，兴修水利，吉。如果想做各种事情，大吉。利于接手各种房产。如果来祭祀门、絫（行），会接受享用。27

巳、午、未、申、栖（酉）、戌、亥、子、丑、寅、卯、辰，被称为□日，利于通过祭祀解除凶险和不详。有利于祭祀门神、路神，解除疾病。用来祭祀、军事活动、聚众，或许有乱子。接受别人的寄居，房产会被夺走。28

午、未、申、栖（酉）、戌、亥、子、丑、寅、卯、辰、巳，被称为阴日，利于建造房屋，祭祀、娶妻、嫁女，进货，吉。会见邦君，不吉，但没有灾祸。29

未、申、栖（酉）、戌、亥、子、丑、寅、卯、辰、巳、午，被称为达日，利于出动军队，出征讨伐，有收获。祭祀，各种都会吉。生孩子的话，男的吉，女的一定会离开家乡。逃走的人不会被抓获，对偷盗抢劫有利。30

【申】、栖（酉）、戌、亥、子、丑、寅、卯、辰、巳、午、未，被称为外易（阳）日，利于出行做事，到四方野外，吉。打猎，有收获。逃走的人不会被抓获，也没有消息，设置网子来打猎，有所得，大吉。31

【栖（酉）】、戌、亥、子、丑、寅、卯、辰、巳、午、未、申，被称为外害日，不利于出行做事，到四方野外，不会碰到偷盗抢劫，会碰到战事。所以说不利于出行做事、到四方野外，不吉。32

戌、亥、子、丑、寅、卯、辰、巳、午、未、申、栖(酉)，被称为阴日，利于祭祀进货，吉。来做买卖或交易，不吉。出门远行，会久留在外。所以不利于出行和□。33

亥、子、丑、寅、卯、辰、巳、午、未、申、栖(酉)、戌，被称为绝日，诸事不宜，所以也被称为死日。生孩子，男的不会留下。逃亡的人不会被抓获。利于解除盟誓条约。34

子、丑、寅、卯、辰、巳、午、未、申、栖(酉)、戌、亥，被称为光日，利于饮食；如果远行，平安。或者是：居家吃喝不忧，出门有所得。生孩子，男孩会比别人帅。进货，吉。35

丑、寅、卯、辰、巳、午、未、申、栖(酉)、戌、亥、子，被称为采(采)日，利于大的祭祀活动，利于戴帽，□车马，缝制衣縜(裳)、表识。长者吉，幼小的不吉。带剑戴帽，吉。生孩子，吉。36

## 【延展阅读】

### 一、丛辰释义

《史记·日者列传》里曾提到占卜吉凶的各家中有"丛辰家"，在睡虎地秦简《日书》里则写作"稷辰"，李学勤认为"稷"为"稷"之误，而"稷"与"丛"音近可通。刘乐贤、李家浩又指出，在秦汉文字及后世字书里，从"叕"与从"㚇"之字常混用。

"丛辰"大概跟古代的社神、丛社有关。"社"在先秦是非常重要的一位神祇，如马王堆《太一出行图》中间神像的左腋下即写有外带圆圈的"社"字(见图十八)，所以有学者认为这个神像可能即社神。祭祀"社"的丛社大概在当时也很普遍，所以在古书里就有大量与"社"相关的记载，如著名的"社鼠"的故事，《晏子春秋·内篇问上》：

景公问晏子曰："治国何患？"晏子对曰："患夫社鼠。"公曰："何谓也?"对曰:"夫社,束木而涂之,鼠因往托焉,熏之则恐烧其木,灌之则恐败其涂。此鼠所以不可得杀者,以社故也。夫国亦有社鼠,人主左右是也。内则蔽善恶于君上,外则卖权重于百姓。不诛之则为乱,诛之则为人主所案据,腹而有之,此亦国之社鼠也。"

上引文字中的"夫社束木而涂之",对于了解古代祭祀社神的场所有重要的参考价值。古书中祭祀社神的场所有"丛社""丛位""大丛""神丛"等各种名称。《吕氏春秋·怀宠》:"问其丛社大祠,民之所不欲废者而复兴之,曲加其祀礼。"《史记·陈涉世家》:"又间令吴广之次所旁丛祠中。"裴骃《集解》引张晏曰:"丛,鬼所凭焉。"睡虎地秦简《日书》甲种《诘咎》:"凡邦中之立丛,其鬼恒夜呼焉,是遽鬼执人以自伐〈代〉也。乃解衣弗袨,入而傅者之,可得也乃。"《墨子·明鬼下》:"三代之圣王,其始建国营都日,必择国之正坛,置以为宗庙;必择木之修茂者,立以为丛位。"《急就篇》"祠祀社稷丛腊奉",颜师古注:"丛谓草木岑蔚之所,因立神祠。"由上引材料可知,"丛"原指茂密的丛林,因立社其中,所以称为"丛祠""丛社"等。在古书中又有将"神丛"直称为"丛"的例子,《战国策·秦策三》:

> 应侯谓昭王曰:"亦闻恒思有神丛与?恒思有悍少年,请与丛博,曰:'吾胜丛,丛籍我神三日;不胜丛,丛困我。'乃左手为丛投,右手自为投。胜丛。丛籍其神三日,丛往求之,遂弗归。五日而丛枯,七日而丛亡。"

上文提到的恒思少年与神丛博弈的故事,其中即将神丛直称为"丛"。由此似可知,"丛辰"之"丛"也当与神丛、丛社有关。而在古代,社神是一位非常重要的神祇,据学者研究,不仅能祈求年成、子嗣,还有报丧送魂、裁决事宜等各种功用。需要的注意的是裁决事宜,有军国大事要告请于社,如《尔雅·释天》:"起大事,动大众,必先有事乎社而后出谓之宜。"有诉讼争执也要请神社裁断,如《墨子·明鬼下》:"昔者齐庄君之臣,有所谓王里国、中里徼者,此二子者,讼三年而狱不断。齐君由谦杀之,恐不辜;犹谦释之,恐失有罪。乃使之人共一羊,盟齐之神社。"丛社的这一功用似与《日书》占断选择的功用有一定关联。《日书》中的《丛辰》,即是丛辰家用来解说祸福吉凶的占断文字。

　　《丛辰》占文所涉及的面相当广泛,如政治、军事、社会生活等方方面面,读上文九店楚简文即可知。《丛辰》与《建除》一样,在目前所见保存比较完整的秦汉《日书》中皆有出现,可知二者在当时的使用大概相当广泛。

## 二、丛辰十二直

　　这十二枚简可分上下两栏。上栏是"结""阳"等十二直在一年十二个月所值的日辰表;下栏是"结日""阳日"等十二日及其占辞。本组简丛辰十二直之前没有书月名,参考睡虎地秦简《日书》的情况看,月序是按照夏历的月序排列的。

| 月序 | 丛辰十二直所值日辰 | | | | | | | | | | | |
| --- | --- | --- | --- | --- | --- | --- | --- | --- | --- | --- | --- | --- |
| 正月 | 寅 | 卯 | 辰 | 巳 | 午 | 未 | 申 | 酉 | 戌 | 亥 | 子 | 丑 |
| 二月 | 卯 | 辰 | 巳 | 午 | 未 | 申 | 酉 | 戌 | 亥 | 子 | 丑 | 寅 |
| 三月 | 辰 | 巳 | 午 | 未 | 申 | 酉 | 戌 | 亥 | 子 | 丑 | 寅 | 卯 |
| 四月 | 巳 | 午 | 未 | 申 | 酉 | 戌 | 亥 | 子 | 丑 | 寅 | 卯 | 辰 |
| 五月 | 午 | 未 | 申 | 酉 | 戌 | 亥 | 子 | 丑 | 寅 | 卯 | 辰 | 巳 |
| 六月 | 未 | 申 | 酉 | 戌 | 亥 | 子 | 丑 | 寅 | 卯 | 辰 | 巳 | 午 |
| 七月 | 申 | 酉 | 戌 | 亥 | 子 | 丑 | 寅 | 卯 | 辰 | 巳 | 午 | 未 |
| 八月 | 酉 | 戌 | 亥 | 子 | 丑 | 寅 | 卯 | 辰 | 巳 | 午 | 未 | 申 |

| 月序 | 丛辰十二直所值日辰 | | | | | | | | | | | |
|---|---|---|---|---|---|---|---|---|---|---|---|---|
| 九月 | 戌 | 亥 | 子 | 丑 | 寅 | 卯 | 辰 | 巳 | 午 | 未 | 申 | 酉 |
| 十月 | 亥 | 子 | 丑 | 寅 | 卯 | 辰 | 巳 | 午 | 未 | 申 | 酉 | 戌 |
| 十一 | 子 | 丑 | 寅 | 卯 | 辰 | 巳 | 午 | 未 | 申 | 酉 | 戌 | 亥 |
| 十二 | 丑 | 寅 | 卯 | 辰 | 巳 | 午 | 未 | 申 | 酉 | 戌 | 亥 | 子 |
| 十二直 | 结 | 阳 | 交 | 害 | 阴 | 达 | 外易 | 外害 | 外阴 | 绝纪 | 央光 | 秀 |

### 秦系"丛辰"八直

| 月序 | 丛辰八直所值日辰 | | | | | | | | | | | |
|---|---|---|---|---|---|---|---|---|---|---|---|---|
| 正月 | 寅 | 卯 | 辰 | 巳 | 午 | 未 | 申 | 酉 | 戌 | 亥 | 子 | 丑 |
| 二月 | 寅 | 卯 | 辰 | 巳 | 午 | 未 | 申 | 酉 | 戌 | 亥 | 子 | 丑 |
| 三月 | 辰 | 巳 | 午 | 未 | 申 | 酉 | 戌 | 亥 | 子 | 丑 | 寅 | 卯 |
| 四月 | 辰 | 巳 | 午 | 未 | 申 | 酉 | 戌 | 亥 | 子 | 丑 | 寅 | 卯 |
| 五月 | 午 | 未 | 申 | 酉 | 戌 | 亥 | 子 | 丑 | 寅 | 卯 | 辰 | 巳 |
| 六月 | 午 | 未 | 申 | 酉 | 戌 | 亥 | 子 | 丑 | 寅 | 卯 | 辰 | 巳 |
| 七月 | 申 | 酉 | 戌 | 亥 | 子 | 丑 | 寅 | 卯 | 辰 | 巳 | 午 | 未 |
| 八月 | 申 | 酉 | 戌 | 亥 | 子 | 丑 | 寅 | 卯 | 辰 | 巳 | 午 | 未 |
| 九月 | 戌 | 亥 | 子 | 丑 | 寅 | 卯 | 辰 | 巳 | 午 | 未 | 申 | 酉 |
| 十月 | 戌 | 亥 | 子 | 丑 | 寅 | 卯 | 辰 | 巳 | 午 | 未 | 申 | 酉 |
| 十一 | 子 | 丑 | 寅 | 卯 | 辰 | 巳 | 午 | 未 | 申 | 酉 | 戌 | 亥 |
| 十二 | 子 | 丑 | 寅 | 卯 | 辰 | 巳 | 午 | 未 | 申 | 酉 | 戌 | 亥 |
| 八直 | 危阳 | 敦 | 禼 | 阴 | 劳 | 阴 | 禼 | 危阳 | 正阳 | 结 | 秀 | 正阳 |

**孔家坡汉简中的八辰**

| | 八辰所直日辰 | | | | | | | |
|---|---|---|---|---|---|---|---|---|
| 正月、二月 | 子 | 丑戌 | 寅酉 | 卯 | 辰申 | 巳未 | 午 | 亥 |
| 三月、四月 | 寅 | 卯子 | 辰亥 | 巳 | 午戌 | 未酉 | 申 | 丑 |
| 五月、六月 | 辰 | 巳寅 | 午丑 | 未 | 申子 | 酉亥 | 戌 | 卯 |
| 七月、八月 | 午 | 未辰 | 申卯 | 酉 | 戌寅 | 亥丑 | 子 | 巳 |
| 九月、十月 | 申 | 酉午 | 戌巳 | 亥 | 子辰 | 丑卯 | 寅 | 未 |
| 十一月十二月 | 戌 | 亥申 | 子未 | 丑 | 寅午 | 卯巳 | 辰 | 酉 |
| 八直 | 秀 | 正阳 | 危阳 | 徼 | 介 | 阴 | 劈 | 结 |

很明显可以看出,孔家坡汉简的"八直"与秦系的"八直"是基本一致的,只是表格排列形式有所不同。

**楚系"丛辰"十二直与秦系"丛辰"八直比较**

| | 九店 | 结 | 易 | 交 | □ | 倉 | 达 | 外易 | 外害 | 倉 | 绝 | 光 | 秀 |
|---|---|---|---|---|---|---|---|---|---|---|---|---|---|
| 楚系 | 睡简除甲 | 结 | 阳 | 交 | 害 | 阴 | 达 | 外阳 | 外害 | 外阴 | | 夬光 | 秀 |
| | 睡简除乙 | 结 | 阳 | 交 | 罗 | 阴 | 达 | 外阳 | 外遝 | 外阴 | 绝纪 | 决光 | 秀 |
| 秦系 | 睡简稷辰 | 结 | 正阳 | 敫 | 离 | 阴 | 劈 | 危阳 | | | | | |
| | 睡简秦除 | 结 | 正阳 | 敫 | 离 | 阴 | 彻 | 危阳 | | | | | |
| | 孔家坡汉简 | 结 | 正阳 | 徼 | 介 | 阴 | 劈 | 危阳 | | | | | |

可以看出,以上秦、楚二系有明显的不同,除了整体系统的差异外,二者之间用字的不同主要是通假与意义的相通。

# 四、成日、吉日和不吉日宜忌

## 【释文】

【凡春三月】，甲、乙、丙、丁不吉，壬、癸吉，庚、辛城（成）日。[1] 37 壹

【凡夏三月】，丙、丁、庚、辛不吉，甲、乙吉，壬、癸城（成）日。38 壹

凡秋三月，庚、辛、壬、癸不吉，丙、丁吉，甲、乙城（成）日。39 壹

凡冬三月，壬、癸、甲、乙不吉，庚、辛吉，丙、丁城（成）日。40 壹

凡城（成）日，利以取（娶）妻、豪（嫁）女、冠，利以城（成）事，利以内（入）邦中，利以内（纳）室，利以内（纳）田邑，利以内（入）人民，利。凡吉日，利以祭祀、祷祠。[2] 凡不吉日，41 利以见公王与贵人，[3] 利以取货于人之所，毋以舍人货于外。[4] 42

## 【注释】

[1] 城，读为成，成遂其愿的意思。

[2] 祠，原字形左示右飤，为祠之异体。

[3] 公王，指国君。

[4] 舍，或读为"予"。

## 【译文】

【凡春季三个月】，甲、乙、丙、丁日不吉，壬、癸日吉，庚、辛日是成日。37 壹

【凡夏季三个月】，丙、丁、庚、辛日不吉，甲、乙日吉，壬、癸日是成日。38 壹

凡秋季三个月，庚、辛、壬、癸日不吉，丙、丁日吉，甲、乙日是成日。

39 壹

　　凡冬季三个月，壬、癸、甲、乙日不吉，庚、辛日吉，丙、丁日是成日。

40 壹

　　凡是成日，宜于娶妻、嫁女、戴帽，利于完结事情，利于进入都市，利于买入房产，利于购置田地，利于接纳人民，大吉。凡是吉日，利于祭祀、祷祠。凡不吉日，41 利于会见王公和有身份的人，利于从别人那里取得货物，不能把人和货物存放在外边。42

## 【延展阅读】

### 一、不吉日、吉日、成日与五行

　　这几枚简所记的四季中不吉日、吉日和成日的天干，排列得很有规律。共八个天干，无"戊己"，可能与五行有关，列表如下：

| 五行 | 木 | 火 | 土 | 金 | 水 |
|------|-----|-----|-----|-----|-----|
| 五方 | 东 | 南 | 中 | 西 | 北 |
| 天干 | 甲乙 | 丙丁 | 戊己 | 庚辛 | 壬癸 |
| 四季 | 春 | 夏 | | 秋 | 冬 |

此五行、四季、天干的搭配看，因中央土无相对应的季节，所以简文中就没有"戊己"。每一季节所配的天干和下一季的天干为不吉日，第三季所配的天干为成日，第四季所配的天干为吉日。李零认为这种判断吉凶的方法与太岁游徙有关：

　　　　如春三月，其所当方为东方，甲乙属之，为"不吉日"；它的左面是南方，丙丁属之，亦"不吉日"；右面是北方，壬癸属之，为"吉日"；对面是西方，庚辛属之，为"成日"。这类吉凶是以太岁游徙的方位而定，术

家认为太岁所当者为大凶，左小凶，前大吉，右小吉。（李零 1999A）

并认为"成"是大吉，"吉"是小吉。按照学者研究，"太岁"分为两种，一是大岁，或大时、咸池，一年四节按"东南西北"四个方位游徙（详见下文《太岁》）。《淮南子·天文》说太岁"迎者辱，背者强，左者衰，右者昌"，如李零所说，春天太岁在东，左为南方"衰"，右为北方"昌"，背为西方"昌"，恰好对应简文的"春三月，甲、乙、丙、丁不吉，壬、癸吉，庚、辛城（成）日"。这种根据季节或每月的干支判断吉凶休咎的方式，在《日书》中很多见，都是把十天干分为甲乙、丙丁、戊己、庚辛、壬癸五组，如：

> 放马滩秦简《日书》乙种《候岁》：正月甲乙雨，禾不享，【邦】有木攻（功）。丙丁雨，大旱，鬼神北行，多疾。戊己雨，大有年，邦有土攻（功）。庚辛雨，有年，大作邦 154 中。壬癸雨，大水，禾粟□起，民多疾。158
> 孔家坡汉简《□稼》：正月甲乙雨，雨膏；丙丁雨，雨罴；戊己雨，禾饶；庚辛雨，田多蒿；壬癸雨，禾消。398

这两条简文是根据正月下雨的干支，来判断一年的农作收成情况，其原理尚不得而知。

## 二、成日与四废日

需要注意的是，上面简文中的"成日"，即春三月庚辛、夏三月壬癸、秋三月甲乙、冬三月丙丁，正好对应后世的"四废日"。

睡虎地秦简《日书》甲种《帝》：

> 春三月，啻（帝）为室申，剽卯，杀辰，四法（废）庚辛。96 壹
> 夏三月，啻（帝）为室寅，剽午，杀未，四法（废）壬癸。97 壹
> 秋三月，啻（帝）为室巳，剽酉，杀戌，四法（废）甲乙。98 壹

冬三月，啻（帝）为室辰，剥子，杀丑，四法（废）丙丁。99 壹

凡为室日，不可以筑室。筑大内，大人死。筑右序，长子妇死。筑左序，中子妇死。筑外垣，孙子死。筑北垣，牛羊死。·杀日，勿以杀六畜，不可以 100 取妇、家（嫁）女、祷祠、出货。·四法（废）日，不可以为室、复（覆）屋。101 壹

睡虎地秦简《日书》甲种《室忌》：

室忌

春三月庚辛，夏三月壬癸，秋三月甲乙，冬三月丙丁，勿以筑室。以之，大主死；不死，癃，弗居。102 壹凡入月五日，月不尽五日，以筑室，不居；为羊牢、马厩，亦弗居；以用垣宇，闭货贝。103 壹

对比可知，二者对四废日"为室"的内容大致是一致的。在放马滩秦简《日书》乙种中也有《帝》篇，与睡虎地秦简的内容大致相同，只是有个别文字的差异。《室忌》，也见于睡虎地秦简《日书》乙种，内容也是大致相同，个别字句有差异。"四废日"，也见于孔家坡汉简：

《四季日》：四季日为废日，废日不可有为也。以有为也，其事必废。204

"四废日"也是后世数术选择常见的一个忌日，多见于文献记载，《宋书·武帝纪》："江陵平，加领南蛮校尉。将拜，值四废日，佐吏郑鲜之、褚叔度、王弘、傅亮白迁日，不许。"再如《协纪辨方书》卷五说：

《广圣历》曰：四废者，四时衰谢之辰也，其日忌出军征伐、造舍、迎亲、封建、拜官、纳财、开市。《历例》曰：春庚申、辛酉，夏壬子、癸

亥,秋甲寅、乙卯,冬丙午、丁巳。

关于"四废日"得名的缘由,刘乐贤认为与五行生克有关。按照五行理论,四季与四方、五行的搭配是:春三月甲乙属木,夏三月丙丁属火,秋三月庚辛属金,冬三月壬癸属水。金克木,故春季的庚辛为废日。其他季节可依次类推。地支也可与四方、五行配伍,所以上引《协纪辨方书》中的"四废日"也包括地支。

与"四废日"实际一致的,在秦简中还有"大败日",睡虎地秦简《日书》甲种《取妻出女》:

> 春三月季庚辛,夏三月季壬癸,秋三月季甲乙,冬三月季丙丁,此大败日,取妻,不终;盖屋;燔;行;傅;毋可有为,日冲。1背/166反

"日冲"的"季庚辛"等又见于张家山汉简《盖庐》,其云:"季春庚辛,夏壬癸,秋甲乙,冬丙丁。"这里的"日冲",或认为即《五行大义》中的"干冲破",相关文字非常重要,故引如下:

> 《五行大义·第十三论冲破》:冲破者,以其气相格对也。冲气为轻,破气为重。干支各自相对,故各有冲破也。干冲破者,甲庚冲破,乙辛冲破,丙壬冲破,丁癸冲破。戊壬、甲戌、乙巳亦冲破。此皆对冲破。亦本体相克,弥为重也。支冲破者,子午冲破,丑未冲破,寅申冲破,卯酉冲破,辰戌冲破,巳亥冲破,此亦取其相对。其轻重皆以死生言之。四孟有生而无死,直冲而不破。四季有死而无生,直破而无冲。四仲死生俱兴,故并有冲破。四孟有生有死,直有冲无破者。寅有生火,巳有生金,申有生水,亥有生木也。四仲死生俱有者,卯有王木死水,午有王火死木,酉有王金死火,子有王水死金。四季有死而无生者,辰有死水,未有死木,戌有死火,丑有死金。死气则重,故

能破。生气则轻，故相冲。又复甲往向庚为冲，庚往向甲为破，以强者制弱也。其冲破者，皆以对位抗冲最为不善。又，互向对冲之地，我当在庚，令敌居甲，以强制弱故也。

这些所谓的"冲破"也是多以五行生克为理论根据的。所以"冲日""废日"其实质是一样的。

与"四废日"依据五行生克类似的，虎溪山汉简《阎氏五胜》还提到"伐日""困日"，原文说：

　　阎氏五胜

　　五胜：金胜木，木胜土，土胜水，水胜火，火胜金。……阎昭曰：举事能谨顺春秋冬夏之时，举木水金火之兴而周环之，万物皆兴，岁乃大育，年歉（寿）益延，民不疾役（疫），强国可以广地，弱国可以柳（抑）强敌。故常以良日干支相宜而顺四时举事，其国日益。所谓顺四时者，用春甲乙、夏丙丁、秋庚辛、冬壬癸。常以困、罚日举事，其国日耗（耗）。所谓罚日者，干不胜其支者。所谓困日者，春戊己、夏庚辛壬癸、秋甲乙、冬丙丁。……

其中的困日、罚日也是依据五行相克的理论，刘乐贤认为其中的"罚日"即《抱朴子》中的"伐日"，其《登涉》篇引《灵宝经》说：

　　　　所谓伐日者，支干下克上之日，若甲申、乙酉之日是也。甲者木也，申者金也，乙亦木也，酉亦金也，金克木故也。

至于"困日"，也是用的五行生克的理论，春甲乙属木，季夏戊己属土，木克土，故曰春戊己，其他可依次类推。

## 五、五子、五卯和五亥日禁忌

**【释文】**

凡五子，[1]不可以作大事，不城（成），必毁，其身又（有）大咎；非 37 贰其身，伥（长）子受其咎。凡五卯，不可以作大事；帝以命 38 贰嗌（益）凄（赍）亜（禹）之火，[2]午不可以树木。[3]凡五亥，不可以畜六牲 39 贰脜（扰），[4]帝之所以翏（戮）六脜（扰）之日。[5] 40 贰

**【注释】**

[1] 五子，及此组简中的五卯、五亥，分别指干支表中的“甲子、丙子、戊子、庚子、壬子”“乙卯、丁卯、己卯、辛卯、癸卯”和“乙亥、丁亥、己亥、辛亥、癸亥”。

[2] 嗌，读为益，人名。根据《史记·夏本纪》等记载，益曾辅佐禹治水。又《孟子·滕文公上》说“舜使益掌火”。凄，读为赍。或解释为送，但“益送禹之火”文意不通顺。赍，古书的例子多是“携带”的意思，简文或可理解为带走。

[3] 树，种植。“午”于五行属火。

[4] 脜，李家浩认为即脜字，《说文》说“脜”读若“柔”。此处脜则读作“扰”。《周礼》中有“六牲”“六扰”，郑玄注皆以为“马、牛、羊、豕、犬、鸡”。“六牲扰”及下文的“六扰”，皆即“六牲”之意。

[5] 翏，读为戮，杀戮。

**【译文】**

凡五子日，不可以做大事，不成功，会毁坏，自身会有大的灾祸；不 37 贰自身承受的话，长子会受到灾祸。凡五卯日，不可以作大事；上帝命令 38 贰益带走了禹的火种，所以午时不可种植树木。凡五亥日，不可以畜养六畜，39 贰因为是上帝杀戮六畜的日子。40 贰

## 【延展阅读】

### 一、干支表及五子、六甲

　　十天干与十二地支，两两相配，始于甲子，终于癸亥，即一般说的干支表、六十花甲，先秦用于计日，汉代开始用于纪年。在甲骨文中已有完整的干支表：

甲子　乙丑　丙寅　丁卯　戊辰　己巳　庚午　辛未　壬申　癸酉
甲戌　乙亥　丙子　丁丑　戊寅　己卯　庚辰　辛巳　壬午　癸未
甲申　乙酉　丙戌　丁亥　戊子　己丑　庚寅　辛卯　壬辰　癸巳
甲午　乙未　丙申　丁酉　戊戌　己亥　庚子　辛丑　壬寅　癸卯
甲辰　乙巳　丙午　丁未　戊申　己酉　庚戌　辛亥　壬子　癸丑
甲寅　乙卯　丙辰　丁巳　戊午　己未　庚申　辛酉　壬戌　癸亥

**图十四　《甲骨文合集》37986**

可以列表如下：

**干支表：**

| | | | | | | | | | | | |
|---|---|---|---|---|---|---|---|---|---|---|---|
| 甲子 | 乙丑 | 丙寅 | 丁卯 | 戊辰 | 己巳 | 庚午 | 辛未 | 壬申 | 癸酉 | 甲戌 | 乙亥 |
| 丙子 | 丁丑 | 戊寅 | 己卯 | 庚辰 | 辛巳 | 壬午 | 癸未 | 甲申 | 乙酉 | 丙戌 | 丁亥 |
| 戊子 | 己丑 | 庚寅 | 辛卯 | 壬辰 | 癸巳 | 甲午 | 乙未 | 丙申 | 丁酉 | 戊戌 | 己亥 |
| 庚子 | 辛丑 | 壬寅 | 癸卯 | 甲辰 | 乙巳 | 丙午 | 丁未 | 戊申 | 己酉 | 庚戌 | 辛亥 |
| 壬子 | 癸丑 | 甲寅 | 乙卯 | 丙辰 | 丁巳 | 戊午 | 己未 | 庚申 | 辛酉 | 壬戌 | 癸亥 |

通过上面的表格可以看出，在这六十甲子表里，十二支各出现五次，后世一般统称为"五子"，天干各出现六次，则统称为"六甲"。睡虎地秦简《日书》乙种有一篇整理者命名为《干支》的，如下：

□申、壬申、丙申、戊申。224 壹

辛酉、癸酉、乙酉、丁酉、己酉。225 壹

□【卯】、癸卯、乙卯、丁卯、己□ 226 壹

庚寅、壬寅、戊寅。227 壹

己丑、辛丑、癸丑、乙丑、丁丑。228 壹

壬子、甲子、丙子、戊子、庚子。229 壹

壬午、甲午、丙午、戊午、庚〔午〕。230 壹

癸亥、乙亥、辛亥。231 壹

……232 壹

清且〈旦〉、食时、日则（昃）、莫（暮）、夕。233 壹

己巳、辛巳、癸巳、乙巳、丁巳。234 壹

癸未、丁未、己未、辛未。235 壹

戊戌、庚戌、壬戌、甲戌、丙戌。236 壹

戊辰、庚辰、壬辰、丙辰。237 壹

虽然原简断残及原文抄写有缺漏,除 231 壹、232 壹两简外。其他各简基本也是按照"五子""五丑"等来分简书写的,只是其编排并无统一的规律。

在古代的择日术里,就有以五子或六甲为顺序来占断吉凶的,如睡虎地秦简《日书》甲种《良日》:

> 蚕良〔日〕,庚午、庚子、甲午,五辰,可以入。五丑、五酉、庚午,可以出。94 贰

再如孔家坡汉简有《五子》,原无标题,此整理者定名:

> 五子不可以祠百鬼,利为囷。182 贰
> 五丑不可居新室,不出岁,必有死者……183 贰
> 五寅利除疾。184 贰
> 五辰利翠(?)枱及入臣妾。185 贰
> 五巳不可食新黍,唯利盬史,为囷。186 贰
> 五午可入货,货后绝亡。187 贰
> 五未不可树宫中,树产人死。188 贰
> 五酉不可盖室,材(裁)衣常(裳)。190 贰

也有根据"六甲"等来占卜吉凶的,如睡虎地秦简《日书》甲种《行忌(一)》中如下的文字:

> 久行毋以庚午入室。95 背贰/72 反贰□□行毋以五亥入。96 背贰/71 反贰丁卯不可以船行。97 背贰/70 反贰六壬不可以船行。98 背贰/69 反贰六庚不可以行。99 背贰/68 反贰

还有基本一致的另外一段,整理者命名为《行忌(二)》,则云:

> • 久行,毋以庚午入室。

·长行,毋以戌、亥远去室。127背贰/40 反贰

丁卯不可以船行,·六壬不可以船行,·六庚不可以行。128背/39 反

在睡虎地秦简《日书》乙种中也有《行忌(一)》,与上面所引《日书》甲种的《行忌(二)》文字完全一致。

尹湾汉简有一方木牍,其正面如下:

图十五　尹湾汉简 YM6D9 正

其下部是一个菱形的图表,六十甲子按照一定规律排列其中:

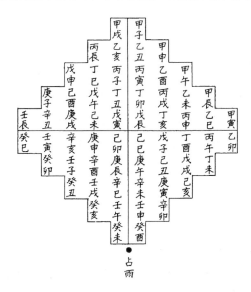

其最下部原有标题《占雨》,一般认为这个表格是用来占测晴雨的,原应有与之配套使用的占测文字,只是墓中出土的简牍中未见相关文字。整理者则命名为《六甲占雨》。在放马滩秦简《日书》乙种中也有一个类似的图表,整理者称为《六十甲子》,又或称为《六甲图》,目前尚有不同的复原编排方案,下图是鲁家亮的复原图:

同时,放马滩秦简《日书》乙种中还有一篇被命名为《候岁》的,所述多与占雨有关:

> • 正月甲乙雨,禾不享,□有木攻。丙丁雨,大旱,鬼神北行,多疾。戊己雨,大有年,邦有土攻。庚辛雨,有年,大作邦。154
>
> □□者,二月丁雨,候岁。戊雨,薰蒿殹。巳雨,禾秀殹。庚雨,上下。辛雨,有年。壬雨,上中。癸雨,禾秀殹。甲雨,薰蒿 155
>
> • 七月甲乙雨,饥。丙丁雨,小饥。戊己雨,岁中。庚辛雨,有年。156
>
> • 五月辰,辰日大雨大虫,小雨小虫。157
>
> • 中壬癸雨,大水,禾粟,邦起,民多疾。入正月一日天有雨,正月旱。二日雨,二月旱。三日雨,三月旱。四日雨,四月旱。五日 158
>
> 雨,五月旱。六日雨,六月旱,七日雨,七月旱。159
>
> • 七月雨为澍,正月澍。八月雨,二月澍。九月雨,三月澍。十月雨,四月澍。十一月雨,五月澍。十二月雨,六月澍。正月、四月娄为上泉,毕为中 160
>
> 泉,东井为下泉。上泉雨,稙孰;中泉雨,稙孰,中□孰;下泉雨,□孰。三泉皆雨,大有黍〈年〉;三泉不雨,大饥。161
>
> • 入正月一日风,风道东北,禾黍将。从正东,卒者丈夫从东南之象,从正南而益利。占忧益忧,忧之其忧者。162

根据上面的内容,再结合尹湾汉简"占雨"的标题,可知放马滩秦简的《六十甲子》图表大概也是用来占雨的。虽然上面《候岁》的占断文字中未出现"五子""六甲"等词语,但上面两个表格中六十干支的排列,如研究者所指出的,可以突出"五子""六甲",只是尹湾汉简的《占雨图》只突出了"六甲"。由此再回过头看放马滩秦简中的六十甲子,由于《候岁》中并未出现"五子""六甲"一类的词语,那么是否如上图"五子""六甲"排列,仍是可以讨论的问题。

"六甲"又可以称为"六旬"。《汉书·律历志》："故日有六甲,辰有五子。""六旬行八节之象也。"颜师古引孟康注说："六甲为六旬,一岁有八节,六甲周行成岁,以六乘八节得之。"在放马滩秦简《日书》乙种《归行》中有"六旬龙日"一类的说法：

> 入宜、远役不可到室之日：庚午、丙申、丁亥、戊申、戊戌、壬戌,
> 此六旬龙日□入□□□125 壹

"龙",一般认为即禁忌的意思,这一用法在秦简中还有用例,如上面的《归行》篇：

> 凡大行龙日丙、丁、戊、己、壬、戌、亥,不可以行及归。316

"龙日"也见于九店楚简残片 108 号简,由于残损厉害,上下文意不清。还有"六旬穷日"的说法,如马王堆汉墓帛书《出行占》：

> 六旬穷：壬戌、癸亥,六旬穷日也,不可行、入官。

也见于传世文献,如《后汉书·邓禹传》：

> 明日癸亥,匡等以六甲穷日不出,禹因得更理兵勒众。

尚秉和在《历代社会风俗事物考》卷二十七中即指出："癸为十干末,亥居十二支末,癸亥日居六十甲子之末,故曰穷日,不出兵。"需要说明的是,从上引简帛及古书的用例看,"六旬""六甲"则泛指天干地支搭配后的六十花甲,与上文书说的"六甲""五子"的"六甲"还是有些差别的。在孔家坡

汉简有《穷日》篇：

> 禹穷日，入月二日、七日、九日、旬三、旬八、二旬二日、二旬五日，
> 不可行。151 壹

"穷日"也见于周家台秦简《戎磿日（一）》：

> ·入月三日、四日、五日、九日、136 叁 十日、十一日、十五日、十
> 六日、十七日、廿一日、廿二日、廿 137 贰 三日、廿七日、廿八日、廿九
> 日，穷日。138 贰
> ·凡穷日，不利有为也。亡人得。是胃（谓）三 143 贰 闭。144 贰

以上"禹穷日"与"穷日"的具体日子差别很大，有可能其推算的方法不同。
二者与前面说的"六旬穷日"无关。至于称"禹穷日"则是假托于禹，类似
放马滩秦简中的"禹须臾行日"。

## 二、与历史事件或人物传说相关的禁忌

> 凡五卯，不可以作大事；帝以命嗌（益）凄（赍）亟（禹）之火，午不
> 可以树木。
> 凡五亥，不可以畜六牲胟（扰），帝之所以翏（戮）六胟（扰）之日。

上面简文中说的"帝以命嗌（益）凄（赍）亟（禹）之火"，具体文意目前
尚不是很清楚。至于"帝之所以翏（戮）六胟（扰）之日"的"帝"具体所指也
有不同意见，与之类似的古书记载如《墨子·贵义》："子墨子北之齐，遇日
者。日者曰：'帝以今日杀黑龙于北方，而先生之色黑，不可以北。'"可以
看出，一些禁忌与历史事件或人物传说有关，在其他秦汉简牍里也有类似
的内容，如睡虎地秦简《日书》甲种：

> 癸丑、戊午、乙未，禹以取(娶)桳(涂)山之女日也，不弃，必以子死。2 背壹/165 反壹
>
> 戊申、己酉，牵牛以取织女而不果，不出三岁，弃若亡。3 背壹/164 反壹
>
> 戊申、己酉，牵牛以取织女，不果，三弃。155
>
> 五丑不可以巫，帝以杀巫减(咸)。27
>
> 赤帝恒以开临下民而降其殃。128

"禹以取(娶)桳(涂)山之女"的记载，也见于古书，《尚书·益稷》："娶于涂山，辛壬癸甲。"

再如岳山秦牍《杀日》：

> 丙寅，羿射封豕，不可入豕及杀之。壹Ⅱ

类似记载也见于《左传》昭公二十八年："乐正后夔取之，生伯封，实有豕心，贪婪无厌，忿纇无期，谓之封豕。有穷后羿灭之，夔是以不祀。"封豕，即大猪之意。

孔家坡汉简也有类似内容：

> 西大母以丁酉西不反(返)，緰以壬戌北不反(返)，禹以丙戌南不反(返)，女过(娲)与天子以庚东不反。子日忌不可行及归，归、到、行，亡。149 壹—150 壹

"西大母"，刘乐贤认为即古文献中常见的西王母，"緰"有可能读为"鯀"。也有学者认为"緰"当读为"禹"。至于简文"西大母以丁酉不反(返)，緰以壬戌北不反(返)"，则尚无其他材料的佐证。下面一条也是孔家坡汉简中的：

春心，夏舆鬼，秋娄，冬虚，不可出血若伤，必死。血忌，帝启百虫口日也。甲寅、乙卯、乙酉不可出血，出血，不出三岁必死。397

**图十六　利簋铭文**

"血忌"作为古代的一种禁忌，就是规避见血，《论衡》中就多次提到，如《讥日》："祭祀之历，亦有吉凶。假令血忌、月杀之日固凶，以杀牲设祭，必有患祸。……如以杀牲见血，避血忌、月杀，则生人食六畜，亦宜避之。"孔家坡汉简这一条《血忌》，也是讲有关禁忌的日期。其中提到"血忌，帝启百虫口日也"，应该是对"血忌"来源的一种解释说明，但在古书里未见相关记载。

还有一些著名的例子，如夏桀、商纣死亡日子，就被认为是"忌日"。据古书记载，商纣王在甲子日被杀，《尚书·武成》篇云："甲子昧爽，受率其旅若林，会于牧野。罔有敌于我师，前徒倒戈，攻于后以北，血流漂杵。"这被后来出土的《利簋》所证明，其开头就说"珷（武王）征商，佳（惟）甲子朝，……"

夏桀灭亡的日子则是"乙卯"。《诗·商颂·长发》云"韦顾既伐，昆吾夏桀"，言昆吾与桀同时死也。《左传》昭公十八年："二月乙卯，周毛得杀毛伯过而代之。苌弘曰：毛得必亡，是昆吾稔之日也。"可知夏桀死亡是在乙卯日。因此甲子、乙卯，就成为后世的两个忌日，如《左传》昭公九年说：

晋荀盈如齐逆女，还，六月，卒于戏阳。殡于绛，未葬。晋侯饮酒，乐。膳宰屠蒯趋入，请佐公使尊，许之。而遂酌以饮工，曰："女为君耳,将司聪也。辰在子卯,谓之疾日,君彻宴乐,学人舍业,为疾故也。君之卿佐,是谓股肱。股肱或亏,何痛如之? 女弗闻而乐,是不聪也。"

其中说到,荀盈去世后尚未下葬,晋侯却饮酒宴乐,屠蒯进谏说"辰在子卯,谓之疾日",应该取消宴乐。孔颖达把"疾"解释为恶,并说"言王者恶此日,不以举吉事也"。"子卯"指甲子、乙卯,杜预注说"纣以甲子丧,桀以乙卯亡,故国君以为忌日"。与这个故事类似的记载也见于《礼记·檀弓下》,其中也是说到知悼子(即荀盈)当时尚未下葬,晋平公饮酒宴乐,与《左传》不同的是,进谏的人为杜蒉,他说"子卯不乐"云云,郑玄注说:"纣以甲子死,桀以乙卯亡,王者谓之疾日,不以举乐为吉事,所以自戒惧。"

顾炎武在《日知录》中曾总结古书中的占法后,又提到"以日同为占",其卷四说:

> 裨灶以逢公卒于戊子日,而谓今七月戊子,晋君将死。苌弘以昆吾乙卯日亡,而谓毛得杀毛伯而代之,是乙卯日,以卜其亡。此以日之同于古人者为占,又是一法。

"裨灶以逢公卒于戊子日",原见《左传》昭公十年:

> 十年春王正月,有星出于婺女。郑裨灶言于子产曰:"七月戊子,晋君将死。今兹岁在颛顼之虚,姜氏、任氏实守其地,居其维首,而有妖星焉,告邑姜也。邑姜,晋之妣也。天以七纪,戊子逢公以登,星斯于是乎出,吾是以讯之。"

"戊子逢公以登",登即登天,死的意思,逢公在戊子这天去世。这一天正好又有妖星出现,因此裨灶才说"晋君将死"。"苌弘以昆吾乙卯日亡",原见《左传》昭公十八年：

> 十八年春，王二月乙卯，周毛得杀毛伯过而代之。苌弘曰："毛得必亡。是昆吾稔之日也，侈故之以。而毛得以济侈于王都，不亡，何待？"

乙卯"是昆吾稔之日也"，也就是昆吾死亡的日子。正好毛得杀了毛伯过，因此才预测毛得也会灭亡。

这两个例子中，"乙卯"为夏桀、昆吾灭亡之日，"戊子"为逢公去世之日。在这两天里又恰好分别发生了妖星出现、毛得杀毛伯过这样的事，因此顾炎武才称之为"日同之占"。其实也是以历史人物或传说人物死亡的日子为重大忌日，这与上面举的秦简、楚简的例子是一致的。

上面提到的秦简"赤帝恒以开临下民而降其殃"，类似内容也见于孔家坡汉简《临日》：

> 临日：正月上旬午，二月亥，三月申，四月丑，五月戌，六月卯，七月子，八月巳，九月寅，十月未，十一月辰，十二月酉，帝以此日开 108 临下降央（殃），不可远行、饮食、歌乐、取（聚）众、畜生（牲），凡百事皆凶。以有为，不出岁，其央（殃）小大毕至。以有为而 109 遇雨，命日央（殃）蚤（早）至，不出三月，必有死亡之志。凡举事，苟毋直（值）临日，它虽不吉，毋（无）大害，以生子不 110

大致内容也见于睡虎地秦简《日书》甲、乙种，且甲种原有标题《行》。有意思的是孔家坡汉简 108 上端编绳及以上部分缺失，但起首的"临日"明显已有类似标题的提示作用。"临日"，一般认为是从"帝（赤帝）以此日开临下降央（殃）"而来。"赤帝临日"何以不吉，或认为与赤帝主天罚有关。《史记·天官书》"礼失，罚出荧惑，荧惑失行是也"，司马贞《索隐》引《春秋纬·文耀钩》说："赤帝熛怒之神,为荧惑焉,位在南方,礼失则罚出。"又《天官书》："苍帝行德,天门为之开,赤帝行德,天牢之为空。"张守节《正义》："赤帝,南方赤熛怒之帝也。"《汉书·天文志》："荧惑曰南方夏火,礼也,视也。礼亏视失,逆夏令,伤火气,罚见荧惑。……荧惑为乱为贼,为疾为丧,为饥为兵,所居之宿国受殃。"由此可见,秦汉时赤帝主刑罚,所以当避忌。但目前看到关于"赤熛怒"等奇怪名字的记载,都是汉代纬书兴起之后的材料,因此秦简中的"赤帝"该如何解释尚需讨论。周家寨汉简也有"临日"的内容,目前具体内容尚未见披露。

　　后世的选择类著作中也有"临日"的条目,且月份和地支的搭配与秦汉简基本一致,如《协纪辨方书》卷六"临日"引《历例》曰："临日者,正月午、二月亥、三月申、四月丑、五月戌、六月卯、七月子、八月巳、九月寅、十月未、十一月辰、十二月酉。"并引用《枢要历》与曹镇圭之说,将"临"解释为"上临下"。大概是秦汉《日书》文本中的"帝以日开临下降央(殃)"一类文句在后世的文本中不见了,于是就按照"临"的一般常用词义来理解了。与"帝以日开临下降央(殃)"在后世文献中消失类似的,有上面提到的睡虎地秦简《日书》甲种:

　　　　戊申、己酉,牵牛以取织女而不果,不出三岁,弃若亡。3 背壹/164 反壹

　　　　戊申、己酉,牵牛以取织女,不果,三弃。155

　　　　癸丑、戊午、乙未,禹以取(娶)梌(涂)山之女日也,不弃,必以子死。2 背壹/165 反壹

孔家坡汉简《嫁女》篇中有如下两条简文:

　　　　戊申、己酉以取(取),妻不出三岁,弃、亡。175 贰

　　　　癸丑、戊午、己未以取(娶)妻,妻死,不必弃。176 贰

比较可知，汉简只是没有了"牵牛以取织女而不果""禹以取（娶）梌（涂）山之女日也"一类的文字，其他与秦简大致是相同的，尤其是"戊申、己酉""癸丑、戊午、己未"等干支则是完全一致的。

　　与上面提到的历史人物传说类似的，秦汉简帛中还有一些单纯以某人死日为忌日的，如：

　　　　岳山秦牍《祠日》：巫咸乙巳死，勿以祠巫。巫龙：丙申、丁酉、己丑、己亥、戊戌。壹Ⅶ

　　　　睡虎地秦简《日书》甲种《田忌》：田京主以乙巳死，杜主以乙酉死，雨巿（师）以辛未死，田大人以癸亥死。149背/18反

　　　　孔家坡汉简《嫁女》：入月二旬齿爪死日也，不可哭临、聚众、合卒。183壹

最后一条的"齿爪死日"，刘乐贤认为"齿爪"当释为"齿尤"，即文献中的"蚩尤"。还有几条只是提到"黄帝""黄神"，具体禁忌的原因则不得而知：

　　　　马王堆汉墓帛书《出行占》：【壬子】、癸卯己酉，不可北，此黄帝日，乡（向），臽（陷）也。19下

　　　　香港中文大学文物馆藏汉简《日书》：戊戌不可北，是胃（胃）行，百里中有咎，二百里外大咎。黄神□之。11

　　　　水泉子汉简《日书》：☑此黄神龙日，不可入官居室☑（封三：7）

　　上面有关人物的死亡而为忌日的，还可以从另一面来解释，如"甲子"是商纣灭亡之日，同时也是周武王的胜利之日。相同的逻辑也见《魏书·道武帝纪》：

（皇始二年）九月，贺麟饥穷，率三万余人出寇新市。甲子晦，帝进军讨之，太史令晁崇奏曰："不吉。"帝曰："其义云何？"对曰："昔纣以甲子亡，兵家忌之。"帝曰："纣以甲子亡，周武不以甲子胜乎？"崇无以对。

还有一些大概是发生重要事件的日子，但具体事件却不清楚，如：

睡虎地秦简《日书》甲种《杂忌》：壬申会癸酉，天以坏高山，不可取妇。147 背/20 反

正月不可垣，神以治室。148 背/19 反

睡虎地秦简《日书》甲种《土忌（二）》：正月申，四月寅，六月巳，十月亥，是胃（谓）地杓，神以毁宫，毋起土攻（功），凶。138 背/29 反

孔家坡汉简《嫁女》：丙申、丁酉天地相去也，庚申、辛酉沟河相去也，壬申、癸酉参辰相去也，凡是日，不取（娶）妻、179 嫁女及言事，不成。180

孔家坡汉简《垣日》：帝毁丘之日。正月辰，二月卯，三月寅，四月酉，五月子，六月亥，七月戌，八月丑，十月未，十一月午，十二月巳，不坏垣，不可除内中。269

"天地相去"的说法还见于后世的选择类书籍里，如唐末韩鄂编的《四时纂要》就多有。"参辰相去"之"参""辰"为星宿名。与之类似，上文提到"牵牛以取织女而不果"，牵牛、织女也为星宿名。

### 三、五行及相关的方位、干支搭配等

五行，或认为早期为人生必需的五种实物，后来逐渐理论化、系统化并具有神秘的意味。《尚书·洪范》中箕子在讲到治国之大道时，就说：

我闻在昔，鲧堙洪水，汩陈其五行。帝乃震怒，不畀洪范九畴，彝伦攸斁，鲧则殛死。禹乃嗣兴，天乃锡禹洪范九畴，彝伦攸叙。初一曰五行，次二曰敬用五事：……一、五行：一曰水，二曰火，三曰水，四曰金，五曰土。水曰润下，火曰炎上，木曰曲直，金曰从革，土爰稼穑。润下作咸，炎上作苦，曲直作酸，从革作辛，稼穑作甘。

这段文字里，对五行的叙述已经非常完整，且已与五味搭配。但由于《洪范》的成书，一般认为在战国甚至更晚，因此不能据此认为五行说已出现于箕子所处的商末周初。在《国语》《左传》等书中即有五行的记载，且有与四时、方位、五色、干支、神灵等配伍的记载，如：

《左传》昭公二十五年：则天之明，因地之性，生其六气，用其五行，气为五味，发为五色，章为五声。

《左传》昭公二十九年：故有五行之官，是谓五官，实列受氏姓，封为上公，祀为贵神，社稷五祀，是尊是奉。木正曰句芒，火正曰祝融，金正曰蓐收，水正曰玄冥，土正曰后土。

《左传》昭公三十一年：庚午之日，日始有谪，火胜金，故弗克。

《国语·郑语》：故先王以土与金、木、水、火，杂以成百物。

其中昭公二十九年一条，前人以为经过了汉代人的窜乱，从其他几条看，在春秋时期，五行学说尚比较零碎。但很明显，五行已经开始与四时、方位、干支等产生关联，王引之曾指出《左传》人名和字的意义关系，即体现了五行和干支的搭配，也含有五行的相生相克。他在《春秋名字解诂》中说：

秦白丙字乙。丙，火也，刚日也；乙，木也，柔日也；名丙字乙者，取火生于木,又刚柔相济也。郑石癸字甲父。癸,水也,柔日也;甲,木也,刚日也。名癸字甲者,取木生于水,又刚柔相济也。楚公子壬夫字子辛。壬,水也,刚日也;辛,金也,柔日也。名壬字辛者,取水生于金,又刚柔相济也。卫夏戊字丁。戊,土也,刚日也;丁,火也,柔日也。名戊字丁者,取土生于火,又刚柔相济也。

另外,春秋金文鄱侯簋、战国金文子禾子釜中"丙"分别作 、,内部的"火"形部分,有学者认为也与五行有关,此也可看作干支在春秋时期即已与五行配伍的证据。文献中最早关于五行与方位、干支、颜色搭配的完整记载见于《墨子》,其《贵义》篇说:

> 子墨子北之齐,遇日者。日者曰:"帝以今日杀黑龙于北方,而先生之色黑,不可以北。"子墨子不听,遂北,至淄水,不遂而反焉。日者曰:"我谓先生不可以北!"子墨子曰:"南之人不得北,北之人不得南,其色有黑者,有白者,何故皆不遂也?且帝以甲乙杀青龙于东方,以丙丁杀赤龙于南方,以庚辛杀白龙于西方,以壬癸杀黑龙于北方。若用子之言,则是禁天下之行者也。是围心而虚天下也;子之言,不可用也。"

但这段文字只举了东南西北四方,清代毕沅据《太平御览》增入"以戊己杀黄龙于中央"一句,但王念孙非之。

战国时代,邹衍创立五德终始说,将五行理论与王朝兴替联系起来,《文选·魏都赋》注引《七略》说:

> 邹子有始终五德,土德从所不胜,木德继之,金德次之,火德次之,水德次之。

在上博简《子羔》里有如下一段记载：

> 高之母，有仍氏之女也，游于央台之上，有燕衔卵而措诸其前，取而吞之，娠，三年而划于膺，生乃呼曰："鉒！"是高也。

裘锡圭指出其中的"鉒"，当是金色之"金"的专字。商的祖先高，一出生就呼曰"金"，明显与五行学说中的商具金德有关。再如在秦简印章等文字资料中出现的"泰"字，也有学者认为是秦始皇兼并六国后所造之字。依照五行理论则是秦具水德，故"泰"是仿照"秦"字而成。下是秦、泰二字的小篆字形：

| | 秦 | 泰 |
| --- | --- | --- |
| 小篆字形 | | |

从外观上二者确实大致很接近。以上所说在《吕氏春秋》中则有更为详细的论述，其《应同》篇说：

> 黄帝之时，天先见大螾大蝼。黄帝曰："土气胜！"土气胜，故其色尚黄，其事则土。及禹之时，天先见草木秋冬不杀。禹曰："木气胜！"木气胜，故其色尚青，其事则木。及汤之时，天先见金刃生于水，汤曰："金气胜！"金气胜，故其色尚白，其事则金。及文王之时，天先见火，赤乌衔丹书，集于周社。文王曰："火气胜！"火气胜，故其色尚赤，其事则火。代火者必将水，天且先见水气胜。水气胜，故其色尚黑，其事则水。

在《吕氏春秋》《礼记》等书里，五行学说更加系统化，除了与王朝兴替联系

起来外,方位、四季、干支、五音、五味等也都被纳入五行系统之中。如《礼记·月令》中对"孟春之月"的叙述:

孟春之月,日在营室,昏参中,旦尾中。其日甲乙。其帝大皞,其神句芒。其虫鳞。其音角。律中大蔟。其数八。其味酸,其臭膻。其祀户,祭先脾。东风解冻,蛰虫始振,鱼上冰,獭祭鱼,鸿雁来。天子居青阳左个。乘鸾路,驾仓龙,载青旂,衣青衣,服仓玉。食麦与羊,其器疏以达。是月也,以立春。先立春三日,大史谒之天子曰:"某日立春,盛德在木。"天子乃齐(斋)。立春之日,天子亲帅三公、九卿、诸侯、大夫,以迎春于东郊。还反,赏公、卿、诸侯、大夫于朝。命相布德和令,行庆施惠,下及兆民。庆赐遂行,毋有不当。乃命大史守典奉法,司天日月星辰之行,宿离不贷,毋失经纪,以初为常。是月也,天子乃以元日祈谷于上帝。乃择元辰,天子亲载耒耜,措之于参保介之御间,帅三公、九卿、诸侯、大夫,躬耕帝籍。天子三推,三公五推,卿诸侯九推。反,执爵于大寝,三公、九卿、诸侯、大夫皆御,命曰劳酒。是月也,天气下降,地气上腾,天地和同,草木萌动。王命布农事,命田舍东郊,皆修封疆,审端经术。善相丘陵阪险原隰土地所宜,五谷所殖,以教道民,必躬亲之。田事既饬,先定准直,农乃不惑。是月也,命乐正入学习舞。乃修祭典。命祀山林川泽,牺牲毋用牝。禁止伐木。毋覆巢,毋杀孩虫、胎、夭、飞鸟。毋麛,毋卵。毋聚大众,毋置城郭。掩骼埋胔。是月也,不可以称兵,称兵必天殃。兵戎不起,不可从我始。毋变天之道,毋绝地之理,毋乱人之纪。孟春行夏令,则雨水不时,草木蚤落,国时有恐。行秋令则其民大疫,猋风暴雨总至,藜莠蓬蒿并兴。行冬令则水潦为败,雪霜大挚,首种不入。

根据《吕氏春秋》《礼记》的记载,可以把与五行配套的季节、方位、颜色、干支等列表如下:

| | 季节 | 方位 | 颜色 | 天干 | 地支 | 五音 | 五数 | 其食 |
|---|---|---|---|---|---|---|---|---|
| 木 | 春 | 东 | 青 | 甲乙 | 寅卯 | 角 | 八 | 麦与羊 |
| 火 | 夏 | 南 | 赤 | 丙丁 | 午巳 | 微 | 七 | 菽与鸡 |
| 土 | 季夏 | 中 | 黄 | 戊己 | 戌丑未辰 | 宫 | 五 | 稷与牛 |
| 金 | 秋 | 西 | 白 | 庚辛 | 酉申 | 商 | 九 | 麻与犬 |
| 水 | 冬 | 北 | 黑 | 壬癸 | 亥子 | 羽 | 六 | 黍与彘 |

需要注意的是,其中"戌丑未辰",按照中央土寄治四方的理论,又可分属四方即火金木水。

上面说的五行理论,在出土文献中也有一些零星的记载,只是没有《吕氏春秋》《礼记》般系统化罢了。如清华简《筮法》第二十四节:

> 东方也,木也,青色。南方也,火也,赤色也。西方也,金也,白色。北方也,水也,黑色也。

上文只交代了四方与五行、颜色的搭配。与五行相关的内容,在出土"日书"类文献中更是常见,如:

> 睡虎地秦简《日书》甲种《五胜》:金胜木,火胜金,水胜火,土胜水,木胜土。东方木,南方火,西方金,北方水,中央土。

相似的内容也见于睡虎地秦简《日书》乙种《五胜》。在孔家坡汉简中也有《五胜》,内容虽略有差别,但五行相胜及与之相配的方位则是完全一致的:

> 五胜:东方木,金胜木。□铁,长三寸,操,东。南方火,水胜火。以齐盛 105 水,操,南。北方水,土胜水。操土,北,裹以布。西方金,火胜

金。操炭，长三寸，以西，缠以布。欲有 106□□ 行操此物不以时。107

　　孔家坡汉简还有一篇自有题名为《岁》，也以五行说为主干，原简断残，今根据学者的研究拟补。刘乐贤根据其内容分为三段，前两段主要讲了五行与方位、颜色的配伍，五行的相生相胜以及五时、四时、四时结解等，今录于下：

　　　　天不足西方，天柱乃折；地不足东方，地维乃绝。于是名东方而尌（树）之木，胃（谓）之青；名南方而尌（树）之火，〖胃（谓）之赤；名西方而尌（树）之〗金，胃（谓）之白；名北方而尌（树）之水，胃（谓）之黑；名中央而尌（树）之土，胃（谓）之黄。于是纪胃（位）而定四乡（向），和阴阳，雌雄乃通。于是令日当月，令月当岁，各十二时。东方青，南方赤，西方白，北方黑，中央〖黄〗。……〖南〗方□，西方苦，北方齐〈辛〉，中央甘，是五味。东方徵，南方羽，西方商，北方角，中央宫，是胃（谓）五音。□□……音者以占悲乐。于是令火胜金，令水胜火，令土胜水，令木胜土，令金胜木，是胃（谓）五胜者以占强弱。各居而乡（向），必和阴阳，结解必当。于是令东方生，令南方长，令西方杀，令北方臧（藏），令中央兼收，是胃（谓）五时。春以徵秋，夏以徵冬，秋以徵春，冬以徵夏，是胃（谓）四时。春徵戌也，是胃（谓）伍（吾）且生，子毋敢杀，尽春三月解于戌。夏徵于丑也，是胃（谓）伍（吾）且长，子毋敢臧（藏），尽夏三月乃解于丑。秋徵辰也，是胃（谓）吾且杀，子毋敢生，尽秋三月乃解于辰。冬徵未也，是胃（谓）吾且臧（藏），子毋敢长，尽冬三月乃解于未。是胃（谓）四时结。结解不当，五谷不成，草木不实，兵革且作，六畜脊（瘠），民多不羊（祥），刑正（政）乱。结解句（苟）当，五谷必成，草木尽实，兵革不作，刑正（政）尽治。

　　其中关于五行的论述，对《日书》相关内容的理解非常有帮助。

干支、方位又有与五行生克理论糅合在一起的,如孔家坡汉简《日书》中的《来》,标题为整理者所拟:

> 甲乙行,戊己来,不来,复到甲乙,不来廿一日。丙丁行,庚辛来,不来,复到丙丁廿一日。戊己行,壬癸来,不来,复到戊己,不来廿一日。庚辛行,甲乙来,不来,复到庚辛,不来廿一日。壬癸行,丙丁来,不来,复到壬癸,不来廿一日。

整理者解释说:"本篇主要运用五行相胜的原理来规定出行后来归的适宜之日。如甲、乙属东方木,戊、己属中央土,五行相胜木胜土,那么甲、乙之日离家出行,戊、己之日当宜来归。"其他可依次类推。这样的例子也见于其他出土文献,如在张家山汉简《盖庐》中有"日有八胜"的记载:

> 丙午、丁未可以西乡(向)战,壬子、癸亥可以南乡(向)战,庚申、辛酉可以东乡(向)战,戊辰、己巳可以北乡(向)战,是胃(谓)日有八胜。

《五行大义·第五论配支干》:"甲乙寅卯,木也,位在东方。丙丁巳午,火也,位在南方。戊己辰戌丑未,土也,位在中央,分王四季,寄治丙丁。庚辛申酉,金也,位在西方。壬癸亥子,水也,位在北方。"以"丙午、丁未可以西乡(向)战"为例,其中天干丙、丁属火,配南方,火克金,故曰"可以西乡(向)战";但地支午、未,午配南方属火,按照上引《五行大义》说的"戊己辰戌丑未……寄治丙丁",未属火亦成立。以下"壬子、癸亥可以南乡(向)战"可依次类推。《日书》类文献中这种以五行理论来占断出行的,还有不少,如:

> 睡虎地秦简《日书》乙种《行忌(二)》:凡行者毋犯其大忌,西……【丑】巳,北【毋以】戊寅,南毋以辰申。·行龙戊、己,行忌。142

放马滩秦简《日书》乙种《归行》：·凡为行者，毋犯其乡（向）之
忌日：西毋犯亥未，东毋犯丑、巳，北毋犯戌、寅，南毋犯辰、申。315

马王堆帛书《出行占》：凡行者，毋犯其乡（向）之大忌日：西毋犯
亥未，东毋犯丑巳，北毋犯戌寅，南毋【犯辰申。】▱ 20 上

以上三条文字对比，用词略有差异外，在内容上基本为一事。其推算的依
据明显也是五行学说，如“东毋犯丑巳”，东方属木，丑、巳属火，火克木，故
曰“东毋犯丑巳”，其他可依次类推。与之类似的，如《抱朴子》讲到有关入
山的年岁的禁忌，其《登涉》篇说：

又大忌不可以甲乙寅卯之岁，正月二月入东岳；不以丙丁巳午之
岁，四月五月入南岳；不以庚辛申酉之岁，七月八月入西岳；不以戊巳
之岁，四季之月入中岳；不以壬癸亥子之岁，十月十一月入北岳。不
须入太华、霍山、恒山、太山、嵩高山，乃忌此岁，其岳之方面，皆同
禁也。

其入五岳的年、月禁忌可列表如下：

| 山　岳 | 年　份 | | 月　份 |
|---|---|---|---|
| | 天　干 | 地　支 | |
| 东岳 | 甲乙 | 寅卯 | 正月二月 |
| 南岳 | 丙丁 | 巳午 | 四月五月 |
| 西岳 | 庚辛 | 申酉 | 七月八月 |
| 中岳 | 戊己 | | 四季之月 |
| 北岳 | 壬癸 | 亥子 | 十月十一月 |

很明显，入山方位与年份、月份的搭配，都与上文所说的五行理论相符合。

　　除了这里说的依照五行来占断出行吉凶外，还有依据太岁的游徙来占断的，详见下文《太岁》部分。干支分属五行的理论，除了上面提到的《日书》外，也见于其他文字资料，如汉代铜镜铭文里常见的"五月丙午"，王充在《论衡·乱龙》里说："阳燧取火于天，五月丙午日中之时，消炼五石，铸以为器，乃能得火。"鲁迅在《吕超墓出土吴郡郑蔓镜考》中曾总结说：

　　　　古人铸冶，多以五月丙午日，虞喜《志林》谓"取纯火精以协其数"（《初学记》廿二引）。今所见汉魏竟，带句，帐构铜，凡勒年月者，大率云五月丙午日作；而五日顾未闻宜铸，唯索缕，采药、辟兵、却病之事，兴作甚多。后世推类，或并以造竟。家所臧唐代小镜一枚，亦云五月五日午时造，则此事当始于晋，至唐犹然。（《集外集拾遗补编》）

丙、午五行皆属火，故云宜冶铸。这种方位与五行生克理论结合的例子，也见于汉代的镇墓文中，如东汉《刘君冢窆石题字》：

　　日天地告：除居巢刘君冢【恶】气。告东方青帝，主除黄气之凶。告南方赤帝，主除西方白气之凶。告西方白帝，主除青【气】之凶。告北方青帝，除北方黑帝，主除赤气之凶。告中央黄帝，主除北方黑气之凶。告六丁天门□长，名曰侯社，下刻五气之要，主除刻去凶□，孙孙受老。如律令。

再如东汉熹平五年（176 年）的《黄石公镇墓刻石》：

　　黄石公冢,真(镇)厌诸不食,还自受央(殃);诸言(愆)不可,还受其祸;诸言(愆)不朽,还自受其右(佑);诸言(愆)不时,还受其央(殃)。固(痼)言(愆)从东方来,西方金伐斩之;固(痼)从南方来者,北方水引而溺杀;固(痼)从西方来者,东〈南〉方火斩伐而克之;固(痼)从北方来者,中央土引而塞之;固(痼)从四方来者,日月磨之。

　　诸有涂此书者皆得其央(殃),皆言名者得神力。如律令。

　　大齐王时受(授)公恩,石为金关,下为玉篇,千秋亿年,寿命止不死。丘丞、莫(墓)伯、地下二千石,大事毋相求,小事毋相劳。如律令。

　　熹平五年,太岁在辰,三月廿九日,白百(?)所到。

上引两件镇墓文,其中有关四方的描述,基本也是按照方位与五行生克来论断的,如东方青色属木,中央黄色属土,木克土,故曰"告东方青帝,主除黄气之凶"。其他方位,可依次类推。与之类似的,香港中文大学文物馆藏晋代"松人"解除木牍,其背面文字记有:

　　谨解东方甲乙之复鬼,令复五木;谨解西方庚辛之复鬼,令复五金;谨解南方丙丁之复鬼,令复五火;谨解北方壬癸之复鬼,令复五木;谨解中央戊己之复鬼,令复五土。

这段文字,在内容及形式上,都与上文提到的镇墓文有类似之处。很明显其中的方位与天干,也是按照五行理论来安排的。

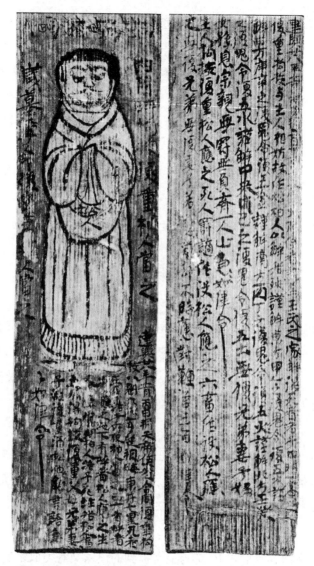

**图十七　香港中文大学文物馆藏晋代"松人"解除木牍正面、背面**

上面提到,五行学说在《吕氏春秋》《礼记》中已经非常系统,之后五行理论不断完善,隋代萧吉编的《五行大义》就是集大成之作。书中不仅详细阐述了有关五行生克等的理论,还从五行的角度,论述了性情、政治、五帝、诸官等诸多方面。如在《论诸官》中有一段论述曹、官的,如下:

　　《洪范五行传》云：甲为仓曹，共农赋；乙为户曹，共口数；丙为辞曹，共诉讼；丁为赋曹，共狱捕；戊为功曹，共除吏；己为田曹，共群畜；庚为金曹，共钱布；辛为尉曹，共本使；壬为时曹，共政教；癸为集曹，共纳输。子为传舍，出入敬忌；丑为司空，守将班治；寅为市官，平准买卖；卯为乡官，亲事五教；辰为少府，金铜钱布；巳为邮亭，行书驿置；午为尉官，驰逐追捕；未为厨官，百味悉具；申为库官，兵戎器械；酉为仓官，五谷畜积；戌为狱官，禁讯具备；亥为宰官，闭藏完具。支干配官，皆从五行本体。

自从严耕望在《秦汉地方行政制度》一书中，将此段文字用于汉代地方制度研究，之后的学者也多利用此段文字。与这段记载类似的，《汉书·百官公卿表》曾记载汉元帝初元元年（公元前 48 年）置戊己校尉一职，颜师古注说：

　　甲乙丙丁庚辛壬癸皆有正位，唯戊己寄治耳。今所置校尉亦无常居，故取戊己为名也。有戊校尉，有己校尉。一说戊己居中，镇覆四方，今所置校尉亦处西域之中抚诸国也。

虽然颜师古提到两种说法，但跟五行与天干、方位的搭配有关是无疑的。另外王莽在汉平帝元始五年（5 年）开通子午道，《汉书·王莽传》记载说：

　　其秋，莽以皇后有子孙瑞，通子午道。（张晏曰：“时年十四，始有妇人之道也。子，水；午，火也。水以天一为牡，火以地二为牝，故火为水妃，今通子午以协之。”）子午道从杜陵直绝南山，径汉中。（师古曰：“子，北方也。午，南方也。言通南北道相当，故谓之子午耳。今京城直南山有谷通梁、汉道者，名子午谷。又宜州西界，庆州东界，有山名子午岭，计南北直相当。此则北山者是子，南山者是午，共为子午道。”）

"子午道"的得名,张晏、颜师古的解释虽有不同,但很明显也是与五行相关的。除了史书的记载,魏晋小说里有些内容也与五行相关,如晋张华《博物志》(《太平御览》卷九二二引)里有这样一条:

> 燕戊己日不衔泥涂巢,此非才智,自然得之。

所谓的"燕戊己日不衔泥涂巢"大概也跟戊己五行属土的理论有关。由以上几个例子可以看出五行学说在当时的影响是非常广泛的,不仅用于数术选择,也及于社会生活的方方面面。

## 四、五行在日书中的体现

按照上文表格中与五行配伍的地支,"午"属火,所以九店楚简简文才说"午不可以树木"。除此之外,五行理论作为一种重要的指导理论,在日书中多有体现,如睡虎地秦简《日书》甲种《病》:

> ·病
> 甲乙有疾,父母为祟,得之于肉,从东方来,裹以漆器。戊己病,庚有〖间〗,辛酢。若不〖酢〗,68贰烦居东方,岁在东方,青色死。69贰
> 丙丁有疾,王父为祟,得之赤肉、雄鸡、酉(酒)。庚辛病,壬有间,癸酢。若不酢,烦居南方,岁70贰在南方,赤色死。71贰
> 戊己有疾,巫堪行,王母为祟,得之于黄色索鱼、菫酉(酒)。壬癸病,甲有间,72贰乙酢。若不酢,烦居邦中,岁在西方,黄色死。73贰
> 庚辛有疾,外鬼伤(殇)死为祟,得之犬肉、鲜卵白色,甲乙病,丙有间,丁酢。74贰若不酢,烦居西方,岁在西方,白色死。75贰
> 壬癸有疾,母逢人,外鬼为祟,得之于酉(酒)脯脩节肉。丙丁病,戊有间,己76贰酢。若不酢,烦居北方,岁在北方,黑色死。77贰

大致相同的内容又见于睡虎地秦简《日书》乙种《有疾》、孔家坡汉简《有疾》。其天干、方位、颜色，毫无疑问与五行理论是基本相合的。但上引简文"甲乙有疾……得之于肉""壬癸有疾……得之于酉（酒）脯脩节肉"，其中的"得之……肉"，并无颜色的修饰词，且文句也参差不齐，明显与《礼记·月令》中非常整齐的"其食麦与羊"等很不同。俞樾在《古书疑义举例》里曾论及"古人行文不嫌疏略"，对于"日书"这类实用性强的文本资料，其"疏略"之处也就容易理解了。需要注意的是，"疾""病"在古汉语里词义有别，"病"相对于"疾"而言在程度上要重。《说文·疒部》："病，疾加也。"段玉裁注引苞咸注《论语》曰："疾甚曰病。"再来看简文，"甲乙有疾"，则是"戊己病……庚有【间】"，在语义也就不难理解了。

再来看下面的三条简文：

睡虎地秦简《日书》乙种《良日》：木忌，甲乙榆，丙丁枣，戊己桑，庚辛李，壬辰〈癸〉漆。67

放马滩秦简《日书》乙种《伐木忌（二）》：春三月甲乙不可伐大榆东方，父母死。129 贰 夏三月【丙丁不】可伐棘南〔方〕，长男死。130 贰 戊己不可伐大桑中【央】，长女死之。131 贰

孔家坡汉简《伐木日》：壬……2 贰 甲子、乙丑伐榆，父死。3 贰 庚辛伐桑，妻死。4 贰 丙寅、丁卯、己巳伐枣□母死。5 贰 壬癸伐□□少子死。6 贰

五行与树木搭配的内容，在古书里也有记载，如《论语·阳货》："宰我问：三年之丧，期已久矣。君子三年不为礼，礼必坏；三年不为乐，乐必崩。旧谷既没，新谷既升，钻燧改火，期可已矣。"何晏集解引马融："《周书·月令》有更火之文：春取榆柳之火；夏取枣杏之火；季夏取桑柘之火；秋取柞楢之火；冬取槐檀之火。一年之中，钻火各异木，故曰改火也。"皇侃义疏："改火之木随五行之色而变也。榆柳色青，春是木，木色青，故春用榆柳

也。枣杏色赤,夏是火,火色赤,故夏用枣杏也。"体现的也是五行说的内容。再如下面的例子:

孔家坡汉简《主岁》:

甲乙朔,青啻(帝)主岁,人炊行没。青禾为上,白中 427 贰中,黄下,麦不收。吏人炊。428 贰

丙丁朔,赤啻(帝)产,高者行没。赤禾为上,黄中,白 429 贰下,少旱。吏高者。430 贰

戊己朔,黄啻(帝)主岁,邑主行没。黄禾为上,赤 431 贰中,白下,有风雨,兵起。432 贰

庚辛朔,白啻(帝)主岁,风柏(伯)行没。白禾为上,赤 433 贰中,黄下,兵不起,民多疾。434 贰

壬癸朔,剡(炎)啻(帝)主岁,群巫没。赤黑禾为上,435 贰白中,黄下,禾不孰(熟),水不出大,民少疾。事群巫。436 贰

下边就"甲乙"条,将《有疾》《主岁》以及上《成日、吉日》来做个对比:

| | 甲乙 | 丙丁 | 戊己 | 庚辛 | 壬癸 |
|---|---|---|---|---|---|
| 九店《成日吉日》 | 不吉 | 不吉 | | 成日 | 吉 |
| 睡虎地《有疾》 | 有疾 | | 病 | 庚有间、辛瘥 | |
| 孔家坡《主岁》 | 朔,(青上) | | 黄下 | 白中 | |
| 孔家坡《□稼》 | 雨膏 | 田罢 | 禾饶 | 田多蒿 | 禾消 |

其中九店楚简《成日吉日》,按照李零说,是以太岁游徙来推测的。其他三条,好像很难看出规律。

再来看日书中有关"生子"类的内容。如睡虎地秦简《日书》乙种《四向占生子》:

生东向者贵,南向者富,西 74 贰 向寿,北向者贱,西北向 73A＋
75 贰 者背刑。 76 贰

与之类似的还有周家台秦简《产子占》:

产子占 145 贰
东首者贵,146 贰 南首者富,147 贰 西首者寿,148 贰 北首者北。
151 贰

在放马滩秦简《日书》乙种中,有几条简文,虽然没有出现"产子""生子"一
类的题名及文字,但一般认为也与产子有关,或命名为《四时首》:

春三月东首,夏三月南首,秋三月西首,冬三月北首,皆吉。
303A＋304

在西北汉简中也有类似的内容:

生子东首者富,南首者贵,西首者贫,北首者不寿。生子见天者
☑(《流沙坠简》第 94 页)

王国维即指出此"乃述产子时方位宜忌,此均当在班《志》五行家中"。根
据阴阳五行学说,古书常见"春生夏长秋收冬藏"之说,东方为阳气发生之
地,南方为生长之地,西方为迁落之地,北方则为闭藏之地,如《白虎通德
论·五行》说:

水位在北方,北方者阴气,在黄泉之下,任养万物。水之为言淮
也。阴化沾濡生木。木在东方,东方者阳气始动,万物始生。木之为
言触也。阳气动跃。火在南方,南方者阳在上,万物垂枝。火之为言

委随也,言万物布施。火之为言化也,阳气用事,万物变化也。金在西方,西方者阴始起,万物禁止。金之为言禁也。土在中央者,主吐含万物。土之为言吐也。……

　　当然,这已经是非常系统化的阴阳五行理论,而在《日书》中则是零星地呈现在《生子占》等各类占卜文字里。以上有关生子的占文,虽然都是依五行理论按照不同的方位来占断,但具体每一方位的占断却有不同。东、南两个方位非贵即富,皆为吉利的一面。而西则有寿、贫的不同。北则有贱、北、不寿的不同,皆为不吉利的占断。对四个方位的占断,与上引《白虎通德论》中对四个方位的论述是大致相合的。除了从方位的角度来占断生子的吉凶,还有以时日来占断生子的宜忌,如睡虎地秦简《日书》甲种的《生子》及乙种的《生篇》。还有以十二辰来占断生子宜忌的,如孔家坡汉简《生子》等。上文提到的秦汉简中的“人字”图则是以具体的时日和方位来占断所生者命运吉凶休咎的。

# 六、告　武　夷

## 【释文】

　　【皋】![1]敢告桑緎之子武礓(夷):[2]“尔居复山之屺,[3]不周之野,[4]帝胃(谓)尔无事,命尔司兵死者。[5]含(今)日某牺(将)欲飤(食),[6]某敢以其妻□妻女(汝),[7]43【某之翌】尚芳粮以謕(犆)某于武礓(夷)之所:[8]君向(飨)受某之翌尚芳粮,囟(使)某速(来)归飤(食)故。”44

## 【注释】

　　[1]皋,文献中一般作“嗥”,祝祷仪式中的呼喊声。

　　[2]桑緎,即文献中的“桑林”,神灵名。武礓,读为武夷,即文献中的“武夷子”“武夷王”,神灵名。

[3] 复山,山名,或认为即《山海经》中的"复子"。厄,读为"基"或"趾",山脚。

[4] 不周,或认为即《山海经·大荒西经》中的不周之山。

[5] 司,掌管。兵死者,因战争而死的人的鬼魂。

[6] 飤,此字在楚简中皆用作"食",此处指给某某吃。

[7] 某,指代词,或认为指墓主,或认为指病人。第二个"妻"字为动词,"妻女(汝)"即给你做妻子的意思。

[8] 竖尚芳粮,祭祀用的币帛食物。

## 【译文】

嗥!谨向桑林之子武彊(夷)您祷告:你居住在复山脚下、不周山之野,天帝认为您尚无他事,就委任您来掌管因战争死去的人。今日我将要供养您,斗胆把我的妻子奉献给您为妻,43 把币帛美食奉献到您家里:请您歆享我敬献的币帛食物,使病者灵魂归来,疾病痊愈,饮食如故。44

## 【延展阅读】

### 《告武夷》与祝祷之辞

这篇《告武夷》,其内容记述的是巫祝为病者祭祷桑林之子武夷,祈求病人灵神归来饮食如故。简文中的"武夷"作为神灵名,在传世及出土文献中多见。清华简有整理者拟名的一篇《祝辞》,共 5 支简,每简上都写了一则巫祝之辞,其第二则说:

> 救火,乃左执土以祝曰:"号(皋)!诣五(武)尼(夷),眉晶冥冥,兹我嬴。"既祝,乃投以土。

在这则祝辞里,"五尼"即"武夷",作为神灵,其职能大概跟火有关,所以才在救火的时候向其祝祷。"武夷",又可以写作武弟子、武夷君等。马王堆汉墓出土的《太一祝图》，或称为《社神图》《太一避兵图》《太一出行图》等等，下图为此图的摹本：

**图十八　见周世荣《马王堆汉墓的"神祇图"帛画》**

图中现存十个单体图像，除有总的题记外，图像旁边大多也有题记。

**总题记(图右)**　大(太)一祝曰："某今日且【□】神□【□】承弓，禹先行。赤包白包，莫敢我乡(向)，百兵莫敢我□【□】狂谓不诚，北斗为正。"即左右唾，径行毋顾。

**雨师像题记(上右)**　雨币(师)，光，风，雨，靁(雷)，**1** 从者死，当□ **2** □左弁其 **3** 右稷寇□ **4**

**雷公像题记(上左)**　靁(雷)□

**神像题记(中央)**　大(太)一将行，何日□ **1** 神从之。以【□□】□ **2** 社。

**神像题记(中右一)**　武弟子,百刃莫敢起,独行莫☒

**神像题记(中右二)**　桑林,百兵毋童☒禁。

**神像题记(中左)**　我虎裘,弓矢毋敢来。

**黄龙题记(下右)**　黄龙持铲。

**青龙题记(下左)**　青龙奉(捧)容。

其中"武弟子"之"子",或认为是尊称。弟、夷音近可通,所以"武弟"又可写作"武夷"。据《汉书·郊祀志》记载,西汉武帝时,多次增设新的祠庙,曾有人建言说:"古天子常以春解祠,祠黄帝用一枭、破镜;冥羊用羊祠;马行用一青牡马;泰一、皋山山君用牛;武夷君用干鱼;阴阳使者以一牛。"到汉成帝时,根据匡衡等人建议,将高祖以来历朝所新增的一些祠庙予以废除:

> 又罢高祖所立梁、晋、秦、荆巫、九天、南山、莱中之属,及孝文渭阳、孝武薄忌泰一、三一、黄帝、冥羊、马行、泰一、皋山山君、武夷、夏后启母石、万里沙、八神、延年之属,及孝宣参山、蓬山、之罘、成山、莱山、四时、蚩尤、劳谷、五床、仙人、玉女、径路、黄帝、天神、原水之属,皆罢。

其中的"武夷"即"武夷君""武弟子"。"武夷"又见于汉魏时期的镇墓文中,如甘肃酒泉出土的西晋永嘉五年(311年)樊氏镇墓文:

> 永嘉五年三月☐☐☐[直]除,樊氏家富仓☐☐☐。星辰日月,自有纲纪。生人有理,死人有乡;死人入☐,生人前行;死人却之,生人得长;死[人]属[阴],生人属阳;生人☐☐,死人用藏;中祥外祥,客死不葬。兵死、星死、乳死☐之鬼,☐☐☐☐☐☐[不]祥。丘丞暮[莫]伯,☐☐☐☐;☐惑注鬼,土气之虚;相绍远去,各归部署;天地之神,当居汝处。

敢告仓林君、武帝王、东冢伯、西冢□[侯]、地下二千石，急赦除
樊氏□冢，生人过适消除，文□。樊氏之冢，舍□葱□□，□氏束缚，
归其魂魄金□□□，可分君粮，铅人免□□□□耳，死人异路，不得相
□□□侵，不得相害，汝欲□□□[有所为]，段鸡子雏鸣、五谷
□□[死生]、□[铅]人腐，乃得相闻。如律□[令]。(《魏晋十六国河
西地区镇墓文、墓券整理研究》页 15)

　　这类镇墓文或称为"解注文""解谪文""劾鬼文"等，目的是为死去的人解
除谪过，为生者除殃求福，如上引文字第二段的开头"敢告仓林君、武帝
王、东冢伯、西冢□[侯]、地下二千石，急赦除樊氏□冢，生人过适消除，文
□"，就是表达此类意思。类似表达在镇墓文中很常见，已具有套语的意
味。其中的"仓林君、武帝王"即九店楚简《告武夷》中的"桑緻""武彊
(夷)"，马王堆《太一祝图》中的武弟子、桑林。除清华简的《祝辞》外，其他
文献中的"武夷"多具避兵、治鬼的职能。

　　《告武夷》中的"兵死者"，指死于战事者。此词也多见于《日书》中，如：

　　睡虎地秦简《日书》乙种《死》：冬三月，甲乙死者，必兵死，其南
恶之。217壹……218壹戊己死者，有惠。219壹庚辛死者，不去其
室有死，正北有火起。220壹壬癸死者，有惠，南室有亡子，且恶之。
221壹□□后有得，东南恶之。222壹
　　睡虎地秦简《日书》乙种《失火》：庚失火，君子兵死。250
　　周家台秦简《日书》《三十六年置居》：卅六年，置居金，上公、兵
死、殇主岁，岁297壹在中。298壹

　　古人认为这种厉鬼很厉害，常常作祟来危害生人。《淮南子·说林》："战
兵死之鬼，憎神巫。"高诱注说："兵死之鬼，善行病人，巫能劾杀之。""战兵
死"之"战"，王念孙认为是衍文：

"战"字后人所加。古人所谓"兵"者,多指五兵而言。"兵死",谓死于兵也。《曲礼》曰"死寇曰兵",《释名》曰"战死曰兵,言死为兵所伤也",《周官·冢人》曰"凡死于兵者,不入兆域",皆是也。后人谓战士为兵,故妄加战字耳。……据高诱云"兵死之鬼,善行病人",则无"战"字明矣。

其说当是。"兵"原指兵器,所以"兵死"又泛指被兵械所杀者。简文中说上帝让武夷来在掌管"兵死者"的魂灵,因此巫祝才向武夷来祷告。"兵死"作为恶鬼,也见于包山楚简卜筮祭祷简中:

大司马悼愲迲(将)楚邦之师徒以救郙之岁型(荆)层之月己卯之日,陈乙以共命为左【尹】㟰贞:既腹心疾,以上愳(气),不甘飤(食),尚速疸(瘥),毋又(有)柰。☰☰☰☰ 占之:恒贞吉,疾239弃,又(有)瘆,递疸(瘥)。以其古(故)敓(说)之。与祷五山,各一牂。与祷卲(昭)王,戠(特)牛,馈之。与祷文坪(平)夏(舆)君子良、䣆公子春、司马子音、蔡公子豪,各戠(特)豢,240馈之。思攻解于禓(诅)与兵死。嚢盬吉之敓,享祭篅之高丘、下丘,各一全豢。陈乙占之曰:吉。241

在这则记录里,左尹邵㟰因腹心疾等,贞人陈乙为其与祷五山、昭王、文坪夜君子良、䣆公子春、司马子音、蔡公子家等神灵之外,又"思攻解于禓(诅)与兵死",即由于诅咒及兵死者作祟,运用攻解的方法来解除灾患。

与以上通过祭祷某位神灵祈求病愈类似的,先秦文献里还有不少祭祷山川之神等以求福佑的记载,如《左传》昭公二十六年,王子朝云:"至于夷王,王愆于厥身,诸侯莫不并走其望,以祈王身。""望"即望祭山川之义。20 世纪发现于陕西华山地区的《秦骃玉版》,就记载了秦曾孙骃在孟冬十月久病不愈，向华大山祈祷以早日痊愈的事情。

《告武夷》虽然不见于目前发现的秦汉简帛文献中，但却有性质比较接近的祭祀祷告的文书文献，如睡虎地秦简《日书》甲种中的《马禖》：

马禖

祝曰："先牧日丙，马禖合神。"东乡（向）南乡（向）各一【马】□□□□□中土，以为马禖，穿壁直中，中三朘，156 背/11 反四厩行："大夫先牧次席，今日良日，肥豚清酒美白粱，到主君所。主君笱（苟）屏诇马，敺（驱）其央（殃），去 157 背/10 反其不羊（祥），令其口耆（嗜）□，□＝耆（嗜）饮，律律弗□自□，弗敺（驱）自出，令其鼻能糗（嗅）乡（香），令耳聪目明，令 158 背/9 反颈为身衡，脊为身刚，脚为身【张】，尾善敺（驱）□，腹为百草囊，四足善行，主君勉饮勉食。吾 159 背/8 反岁不敢忘。"160 背/7 反

在睡虎地秦简《日书》甲种中还有一篇原标题为《梦》的，一般也认为与祝祷有关。

梦

人有恶梦，觉，乃绎（释）发西北面坐，铸（祷）之曰："皋！敢告尔豻觭。某有恶梦，走归豻觭之所。豻觭强饮强食，赐某大幅，非钱乃布，非茧 13 背/154 反乃絮。"则止矣。14 背壹/153 反壹

其中作为神灵的"豻觭"，文献中或作"穷奇""伯奇""宛奇"等等。在周家台秦简中还有题名为《先农》的一篇：

·先农

以腊日，令女子之市买牛胙、市酒。过街，即行拜，言曰："人皆

祠泰父，我独祠 347 先农。"到囷下，为一席，东乡（向），三膇，以酒沃，祝曰："某以壶露、牛胙，为先农除 348 舍。先农筍（苟）令某禾多一邑，先农恒先泰父食。"到明出种，即□【邑最富】者，349 与皆（偕）出种。即已，禹步三出种所，曰："臣非异也，农夫事也。"即名富者名，曰："某不能 350 胜其富，农夫使某走来代之。"即取膇以归，到囷下，先侍豚，即言囷下曰："某为 351 农夫畜，农夫筍（苟）如□□，岁归其祷。"即斩豚耳，与膇以并涂囷膚下。恒 352 以腊日塞祷如故。353

很明显，《马禖》《梦》《先农》与《告武夷》在性质上是一致的，只是所祝祷的对象不同，都是通过祝祷某神灵以祈求得到某种回报，并详述整个祝祷祭祀的过程。上面提到的这些祝辞，都具有巫术的色彩。这种具有巫术色彩的祝祷辞，在秦汉《日书》里还有一些，如睡虎地秦简《日书》甲种有一篇被命名为《出邦门》的：

行到邦门囷（闉），禹步三，勉壹步，謼（呼）曰："皋，敢告曰：某行毋（无）咎，先为禹除道。"即五画地，掫其画中央土 111 背/56 反而怀之。112 背/55 反

与之基本类似的内容，不仅见于放马滩秦简《日书》甲、乙种，也见于额济纳汉简中，并且在一直保存在后世的选择类书籍如《玉匣记》中。

在传统文化里，巫、医关系密切。所以在出土秦汉简帛文献的一些药方、病方里，也有一些祝祷之辞。如周家台秦简中，有整理者命名为《病方及其他》的一组简，共 73 简，有明确祝词的约十条，如以下三条：

• 已龋方

见东陈垣，禹步三，曰："皋！敢告东陈垣君子，某病龋齿，苟令某

齮巳,请 326 献骊牛子母。"前见地瓦,操。见垣有瓦,乃禹步,巳,即取垣瓦埋东陈垣 327 止(址)下。置垣瓦下,置牛上,乃以所操瓦盖之,坚埋之。所谓"牛"者,头虫也。328

· 病心者

禹步三,曰:"皋! 敢告泰山:泰山高也,人【居之】。□□之孟也,人席之。不智(知)335 而心疾,不智(知)而咸戠。"即令病心者南首卧,而左足践之二七。337

· 马心

禹步三,乡(向)马祝曰:"高山高丝,某马心天。某为我巳之,并企待之。"即午画 345 地,而最(撮)其土,以靡(摩)其鼻中。346

这类病方,在马王堆帛书《五十二病方》中也多见,如:

以月晦日之丘井有水者,以敝帚骚(扫)尤(疣)二七,祝曰:"今日月晦,骚(扫)尤(疣)北。"入帚井中。104

身有癃者,曰:"睪(皋)! 敢〖告〗大山陵:某〖不〗幸病癃,我直(值)百疾之□,我以明月炙若,寒且□若,以柞槍柱若,以虎蚤(爪)抉取若,刀而割若,苇而刖若。今□若不去,苦涶(唾)□若。"即以朝日未食,东向涶(唾)之。369—371

这类祝祷之辞,其用语有相似之处,如常用拟声词"皋",出土文献或写作"睪",二者音近可通。《说文·夲部》"皋"字下解释说:"礼,祝曰皋。"《礼记·礼运》"皋! 某复"郑玄注:"皋,长声也。"多用"某"以自称,大概与其多作为某种"范本"有关。也常用"敢告"一类的习语。在语气上也多祈使以至命令、威吓一类的语气。如对神灵多直称"尔""若",则很不虔敬。《孟子·尽心下》:

孟子曰:"人皆有所不忍,达之于其所忍,仁也;人皆有所不为,达
之于其所为,义也。人能充'无欲害人'之心,而仁不可胜用也。人能
充'无穿窬'之心,而义不可胜用也。人能充无受'尔'、'汝'之实,无
所往而不为义也。士未可以言而言,是以言餂之也;可以言而不言,
是以不言餂之也。是皆穿逾之类也。"

朱熹注把"尔汝"解释为"人所轻贱之称"。需要注意的是,在这类巫术祝
祷辞中,多见配合的仪式"禹步"。这类祝祷之辞,在后世的文献中也多
见,如《抱朴子·登涉》在论及"好事者欲入山行"时,引《遁甲中经》说:

往山林中,当以左手取青龙上草,折半置逢星下,历明堂入太阴
中,禹步而行,三呪曰:"诺皋,太阴将军,独闻曾孙王甲,勿开外人,使
人见甲者,以为束薪;不见甲者,以为非人。"则折所持之草置地上,左
手取土以傅鼻人中,右手持草自蔽,左手著前,禹步而行,到六癸下,
闭气而住,人鬼不能见也。

再来看《告武夷》,在用词及语气上也有祝祷辞的这些特点,只是没有提到
"禹步"的仪式而已。

"禹步"是古代巫术中常见的一种动作仪式、常见于"日书"类文献中。
顾名思义,即由禹行路的步样而来。《太平御览》卷八十二引《尸子》:"古
者,龙门未辟,吕梁未凿,禹于是疏河决江,十年不窥其家。生偏枯之病,
步不相过,人曰禹步。"从以上记载来看,禹治水过程中,患得腿疾,《庄
子·盗跖》也说"禹偏枯",成玄英疏以为即"半身不遂"。"禹步"即模仿其
走路的样子。杨雄《法言·重黎》:"昔者姒氏治水土,而巫步多禹。"李轨
注:"姒氏,禹也。治水土,涉山川,病足,故行跛也,禹自圣人,是以鬼神、
猛兽、蜂虿、蛇虺莫之蛰耳,而俗巫多效禹步。"刘师培曾总结说:"盖巫主
降神,步掌禳物。因禹有降神除物之奇,故后之为巫、步之官者,遂多托大

禹之说。"关于禹步的行步方法,最早见于《抱朴子》,书中有两种记载,分别是:

　　《抱朴子内篇·仙药》:禹步法,前举左,右过左,左就右。次举右,左过右,右就左。次举右,右过左,左就右。如此三步,当满二丈一尺,后有九迹。

　　《抱朴子内篇·登涉》:又禹步法:正立,右足在前,左足在后,次复前左足,次前右足,以左足从右足并,是一步也。次复前右足,次前左足,以右足从左足并,是二步也。次复前左足,次前右足,以左足从右足并,是三步也。如此,禹步之道毕矣。凡作天下百术,皆宜知禹步,不独此事也。

为直观见,下面是工藤元男所作的图示:

1) 仙药篇

2) 登涉篇

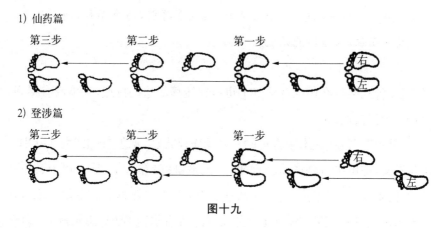

图十九

"禹步"经过不断的演变而日益复杂,并一直保存在后世的道教及巫术中。

# 七、相　宅

【释文】

　　凡相坦敚邦、作邑之道:[1]盍(盖)西南之遇(宇),[2]君子尻

（居）之，幽悁不出。[3]北方高，三方下，尻（居）之安寿，宜人民[4]，土田聚（骤）得。[5]盍（盖）东南之遇（宇），45 君子尻（居）之□夫□□□116

　　□婆。西方高，三方下，其中不寿，宜人民、六脂（扰）。盍（盖）西北之遇（宇），芒（亡）伥（长）子。北、南高，二方下，不可尻（居），是胃（谓）□土，聚□见吉。东北又（有）□□☑ 46

　　东、南高，二方下，是胃（谓）虚井，攻通，安。[6]中坦，中□，又污（穿）安，[7]尻（居）之不溋（盈）志。西方又□□，贫。[8]东、北高，二方下，黄帝□□庶民尻（居）之[9]☑ 47

　　遇（宇），不可以坦。[10]凡宫坽于西南之南，尻（居）之贵。凡□不可以盍（盖）左右之墙，[11]是胃（谓）□☑ 48

　　☑尻（居）祭室之后。坽于东北之北，安。穷尻（居）南、北，[12]不利人民。尻（居）西北利，不利豕；尻（居）西南□☑ 49

　　☑坽于西北，[13]不利于子，三增三殊（沮）不相志，[14]无藏货。西□君□。坽于东南，不利于□☑ 50

　　☑坽于东北之东□□☑ 51

　　☑□□胃（谓）之□。坽于☑ 52

　　☑□□粥。堂吉。□□于室东，日出庶（炙）之，必肉飤（食）以飤（食）。[15]箐尻（居）西北，[16]不吉，尻（居）是室☑ 53

　　☑□西北贫。夏三月，启于北得，[17]大吉；宫正方，[18]非正中，不吉。萩（秋）三月，作高尻（居）于西得☑[19]54

　　□土少。盍（盖）东南之遇（宇），□□尻（居），必又（有）□□出□55

　　☑□不竺（筑），东北之遇（宇），西南之□☑ 56

　　☑水尻（居）之□，妇人正。凡坦南□☑ 57

　　☑□尻（居）东南多亚（恶）☑ 58

□□之□□□之西,凥(居)之福,□□ 59

## 【注释】

[1] 坦,或读为"墠",墠同坛。敚邦,即树封,就是树立界域的意思。

[2] 盖,建设。宇,居室院宇。

[3] 幽佅,读为恌慨,忧恐的意思。

[4] 人民,似指奴婢。

[5] 骤得,多次得到。

[6] 攻通,挖通。

[7] 污,读为穽,低下。安,读为淤,潮湿低下;或读为焉。

[8] "又"下二字,或释为"城安(焉)"。

[9] "黄帝"下一字,或以为"禹"之残文。

[10] 坦,右侧似"邑"之残文,或释为"圩",即"序"字异体。"不可以序",即不可以筑序,"序"指堂屋的东西墙。

[11] 凡□,"凡"下一字,或认为是"室"字。左右,向左向右侧。左右,或释为"左向"。

[12] 穷,可能是豢养牲畜的建筑。或断句为"垮于西北之北安,穷","安"读为"焉","穷"即穷达之穷。

[13] 垮,读为侈或庨,有"广"的意思。"侈于某方",大致是说房屋在某个方向上较多或较广。

[14] 三增三殊,增,增扩;殊,塌坏,指多次增扩与塌坏。与《山海经》"三仞三沮"义近。

[15] 肉食,或以为代指有禄位的人。

[16] 箇,读为廪,仓库。

[17] 启与北,把门开在北边。

[18] 正方,或指方正,或指中央。

[19] 高居,高的居室。

## 【译文】

凡是勘验方位、建立界域、兴建城邑等的方法：建设在西南方位的院落，君子居住在那里，会忧愁不出。北方高，其他三方低，居住的话会安宁寿康，多次获得人民和土地。建设位于东南的院落，45 君子居住在……116

□娶。西方高，其他三方低，居住的话就不长寿，但有利于人民和六畜。建设位于西边的院落，长子会亡失。北方、南方高，其他二方低，不可以居住，这种被称为□土，聚□见吉。位于东北会有……46

东方、南方高，其他两方低，被称作虚井，能够挖通的话，会安宁。中间平坦，中□，潮湿低下，居住的话会不得志。西方……贫。东方、北方高，其他二方低，黄帝……庶民居住……47

院落，不可以……房屋在西南的南边扩大，居住的话会富贵。凡……不可以建设……墙，这被称作……48

居住在祭祀用的房间的后边。在西北的北边扩大，则会贫穷。位于南、北两边的话，不利于人民。位于西北，有利于人民，但不利于牲畜。位于西南……49

在西北方扩大，不利于子女，多次增扩与塌坏不相持，不要藏匿货物。西□君□。在东南方扩，不利于……50

……在东北之东的方向扩大……51

……被称为……扩大于……52

……于室东……日出的时候炙烤，必然会用肉食来喂养。仓廪在西北方，不吉。……53

……西北方，贫。夏季三个月，把门开在北边会有所得，大吉。房子当在正中，不在正中的话，不吉。秋季三个月，在西方筑造高的居室，会有所得……54

55—59 简文残损过甚，译文从略。

## 【延展阅读】

### 《日书》中的相宅

　　这一部分简文主要是讲修建住宅的吉凶等,但由于简文本身残损过多,因此在编联、分段上目前尚难有一致意见。如第55号简,陈伟就认为是讲四方宜忌的,与相宅无关。晏昌贵、钟炜将简文分为三段;刘金华从分栏的角度,把简文分为四段。从释文上看,涉及"盖宇""宫垎"两部分内容较多。

　　有关"盖遇(宇)"部分,晏昌贵把45—47、55、56编为一组,并认为其方位排列和吉凶判断似与五行八卦有关。就简文看,除了简45的"盍(盖)西南之遇(宇)""盍(盖)东南之遇(宇)"其前后顺序较为确定外,简46还有"盍(盖)西北之遇(宇)",且简55又出现了"盍(盖)东南之遇(宇)",而46、55两简如何与45简编联尚难以讲清楚,所以其方位顺序目前也尚不清楚。需要注意的是,两部分的方位都是从"西南"讲起。

　　在睡虎地秦简《日书》甲种里有一篇名为《相宅》的文献,其内容非常丰富,涉及宇、垣、池、水窦、圈、困、井、庑、内、囷、屏、门等建筑的位置、朝向、高低等。对理解九店楚简的"宇"的部分很有参考价值,如其中有关"宇"和"圈内"的。下面是"宇"的前半部分:

　　　　凡宇最邦之高,贵贫。15背壹/152反壹宇最邦之下,富而癃(瘫)。16背壹/151反壹宇四旁高,中央下,富。17背壹/150反壹宇四旁下,中央高,贫。18背壹/149反壹宇北方高,南方下,毋(无)宠。19壹/148反壹宇南方高,北方下,利贾市。20背壹/147反壹宇东方高,西方下,女子为正。21背壹/146反壹宇有要(腰),不穷必刑。22背壹/145反壹宇中有谷,不吉。23背壹/144反壹宇右长左短,吉。14背壹/153反贰宇左长,女子为正。15背贰/152反贰

这一部分主要讲"宇"的方位、高下以及形制等问题,并以此来占断吉凶。后面还有一部分,与九店楚简"宫垎"的部分可对照:

宇多于西南之西,富。16 背贰/151 反贰宇多于西北之北,绝后。17 背贰/150 反贰宇多于东北之北,安。18 背贰/149 反贰宇多于东北,出逐。19 北贰/148 反贰宇多于东南,富,女子为正。20 背贰/147 反贰

二者的差别非常明显,楚简的"宫",秦简皆作"宇"。这一部分主要讲"宇"在某一方位"多"会如何,这个"多"即九店楚简的"垮",当是同一词的用字不同。再来看《相宅》中关于"圈"的部分:

圈居宇西南,贵吉。19 背叁/148 反叁圈居宇正北,富。20 背叁/147 反叁圈居宇正东方,败。21 背叁/146 反叁圈居宇东南,有宠,不终世。22 背叁/145 反叁圈居宇西北,宜子与。23 背叁/144 反叁

这一部分则是讲"圈"居于"宇"的某个方位会如何。与上面讲"宇"及其他"困""内""圂"等的部分思路是一致的。但需要注意的是,四方、四隅等有八个方位,而秦简在讲各种建筑时,所涉及的方位都或多或少,不足八个。下图是池、水窦、圈、困、井、庑、内、圂等方位朝向的表格:

| | 东 | 东南 | 南 | 西南 | 西 | 西北 | 北 | 东北 |
|---|---|---|---|---|---|---|---|---|
| 池 | | | | 西南 | | | 正北 | |
| 水窦 | | | 南出 | | 西出 | | 北出 | |
| 圈 | 正东 | 东南 | | 西南 | | 西北 | 正北 | |
| 困 | | 东南 | | 西南 | | 西北 | | 东北 |
| 井 | | | | 西南 | | 西北 | | |
| 庑 | 东方 | | | | | | | |
| 内 | 正东 | | 南 | 西南 | | 西北 | | 东北 |
| 圂 | | | 南 | | | 西北 | 正北 | 东北 |

通过表格可以看出，每类建筑，在其占断文字所涉及的方位朝向的多少上，看不出有明显的规律。再者，每类建筑所涉及的方位的叙述次序，可以列表如下：

宇（多）：西南之西→西北之北→东北之北→东北→东南

池：西南→正北

水窦：西→北→南

圈：西南→正北→正东→东南→西北

囷：西北→东南→西南→东北

井：西南→西北

内：西南→西北→东北→正东→南

圂：西北→正北→东北→南

很明显有一半是以"西南"为起点，这与九店楚简简 45 是一致的。再者，其方位次序是以顺时针也就是右行为次序，这与九店楚简简 45 也是一致的。

相宅术及相关书籍，古书中的记载有很多，如《诗经》《尚书》《左传》。《尚书·召诰》说："惟二月既望，越六日乙未，王朝步自周，则至于丰。惟太保先周公相宅。越若来三月，惟丙午朏，越三日戊申，太保朝至于洛，卜宅。厥既得卜，则经营。"这段话就记载了周公营建洛邑时相宅占卜的情形。

《汉书·艺文志》收录《宫宅地形》二十卷，王充在《论衡》中多次征引《图宅术》，如《诘术篇》就引用说："商家门不宜南向，徵家门不宜北向。"《四讳篇》还提到当时"俗有四大讳"，第一就是"讳西益宅"，其文云：

西益宅谓之不祥，不祥必有死亡，相惧以此，故世莫敢西益宅，防禁所从来者远矣。传曰：鲁哀公欲西益宅，史争以为不祥。哀公作色而怒，左右数谏而弗听，以问其傅宰质睢曰："吾欲西益宅，史以为不祥,何如?"宰质睢曰:"天下有三不祥,西益宅不与焉。"哀公大说。有顷,复问曰:"何谓三不祥?"对曰:"不行礼义,一不祥也。嗜欲无止,二不祥也。不听规谏,三不祥也。"哀公缪然深惟,慨然自反,遂不益宅。令史与宰質睢止其益宅,徒为烦扰,则西益宅祥与不祥未可知也。令史、质睢以为西益宅审不祥,则史与质睢与今俗人等也。夫宅之四面皆地也,三面不谓之凶,益西面独谓不祥,何哉?西益宅何伤于地体,何害于宅神?西益不祥,损之能善乎?西益不祥,东益能吉乎?夫不祥必有祥者,犹不吉必有吉矣。宅有形体,神有吉凶,动德致福,犯刑起祸。今言西益宅谓之不祥,何益而祥者?且恶人西益宅者,谁也?如地恶之,益东家之西,损西家之东,何伤于地?如以宅神不欲西益,神犹人也,人之处宅欲得广大,何故恶之?而以宅神恶烦扰,则四面益宅,皆当不祥。诸工技之家,说吉凶之占,皆有事状。宅家言治宅犯凶神,移徙言忌岁月,祭祀言触血忌,丧葬言犯刚柔,皆有鬼神凶恶之禁,人不忌避,有病死之祸。至于西益宅何害而谓之不祥?不祥之祸,何以为败?实说其义,不祥者义理之禁,非吉凶之忌也。夫西方,长老之地,尊者之位也。尊长在西,卑幼在东。尊长,主也;卑幼,助也。主少而助多,尊无二上,卑有百下也。西益主,益主不增助,二上不百下也,于义不善,故谓不祥。不祥者,不宜也,于义不宜,未有凶也。何以明之?夫墓,死人所藏;田,人所饮食;宅,人所居处。三者于人,吉凶宜等。西益宅不祥,西益墓与田,不言不祥。夫墓,死人所居,因忽不慎。田,非人所处,不设尊卑。宅者长幼所共,加慎致意者,何可不之讳?义详于宅,略于墓与田也。

王充从几个方面对"西益宅不祥"进行了反驳。

后世类似的书很多,且在民间习俗中有广泛影响。《玉匣记》里有"看阳宅要诀"。后世的风水学说,就多涉及宫殿、住宅、坟墓的选址、坐向、建设等。

# 八、占出入盗疾

**【释文】**

□【子，朝】閟（闭）夕启。凡五子，朝逃（盗）得，[1]昼不得，夕不得。以内（入），见疾。[2]以又（有）疾□ 60

□西亡行，北【吉】，南又（有）得。丑，朝启夕閟（闭）。[3]凡五【丑】□ 61

□北吉，西亡行，南又（有）得。寅，【朝】閟（闭）夕启。凡五寅，朝【逃（盗）】得，昼得，夕不得。【以内（入），吉。以又（有）】疾，午少翏（瘳），[4]申大翏（瘳），死生才（在）□。62

□北见疾，西吉，南又（有）得。卯，【朝閟（闭）夕】启。凡五【卯，朝逃（盗）得，夕不得】。以内（入），必又（有）大死。以又（有）【疾】，未少翏（瘳），申大翏（瘳），死生才（在）丑。63

□□又（有）□。辰，朝启夕閟（闭）。凡五辰，朝【逃（盗）不】得，昼得，夕得。以内（入），吉。以又（有）疾，栖（酉）少翏（瘳），戌大翏（瘳），死生才（在）子。64

□又（有）得，西兇（凶），【南见】疾。【巳】，朝閟（闭）夕启。凡【五巳】，朝逃（盗）得，夕不得。□翏（瘳），死生才（在）寅。65

□北得，西睧（闻）言，南【兇（凶）。午，朝閟（闭）夕启。凡五】午，朝逃（盗）得，夕不得。以又（有）疾，戌少翏（瘳），【辰大翏（瘳）】，死生才（在）寅。66

【未】以东吉，又（有）得，北兇（凶），西、【南吉。未，朝】启夕閟（闭）。凡五未，朝逃（盗）不得，昼得，夕得。以内（入），吉。以又（有）疾，子少翏（瘳），卯大翏（瘳），死生才（在）寅。67

□【申，朝】閟（闭）夕启。凡五申，朝逃（盗）【得】□ 68

□栖（酉），朝启【夕】閟（闭），凡五栖（酉）□ 69

戌以东吉☐【凡】五戌，朝☐☐，辰大翏（瘳），死生才（在）栖（西）。70

☐以内（入），又（有）得，非盩乃引。[5]亥，朝閟（闭）夕启。凡五亥，朝逃（盗）得，昼得，夕不得。以又（有）疾，卯少翏（瘳），巳大翏（瘳），死生才（在）申。71

☐吉，南又（有）☐ 72

☐得，西、北见☐☐☐ 73

☐☐☐☐内（入），吉。以又（有）【疾】☐ 74

☐大翏（瘳），死生才（在）子。☐ 75

☐翏（瘳）。死生才（在）☐76

## 【注释】

[1] 逃，读为盗，意为偷，与现代汉语的中"盗"的词义不同。

[2] 疾，上古汉语中与"病"有别，《说文·疒部》："病，疾加也。"也就是说，"病"在病情上比"疾"要重。

[3] 王家台秦简《日书》388 号作"五丑，旦启夕闭"。

[4] 翏，读为瘳，病愈。

[5] 盩，或认为当读为"与"，训为"予"。"非……乃……"作为固定句式也见于其他"日书"类简牍，如睡虎地秦简《日书》甲种 13 背、14 背："非钱乃布，非茧乃絮。"

## 【译文】

……【子，早晨】关闭晚上打开。凡五子日，早晨被盗的会复得，白天则不得，晚上也不得。进入，会出现疾病。有病……60

往西方逃亡、出行，向北吉，向南则有所得。丑，早晨打开晚上关闭。凡五【丑】……61

……北吉,向西逃亡、出行,向南会有所得。寅,【早晨】关闭晚上打开。凡五寅日,早晨被偷盗会复得,白天会复得,晚上不会复得。【进入,吉。如果生病】,在午时的话会有好转,申时会痊愈。死生在……62

……向北会出现疾病,向西吉,向南会有所得。卯,【早晨关闭晚上】打开。凡五【卯日,早晨被偷盗会复得,晚上不得】。进入,一定有死亡。生病的话,未时会好转,申时会痊愈,死生在丑时。63

……辰,早晨打开晚上关闭。凡五辰日,早晨被【偷盗不会】复得,白天不能复得,晚上则复得。进入,吉。生病,酉时生病会好转,戌时会痊愈。死生在子。64

……有得,向西,凶。【向南】,会有疾病。【巳】,早晨关闭晚上打开。凡【五巳日】,早晨被偷盗会复得,晚上则不能复得。……病愈,死生在寅时。65

……向北得,向西会有所问,向南【则凶】。午,早晨关闭晚上打开。凡五】午日,早晨被偷盗会复得,晚上则不复得。生病的话,戌时生病会好转,辰时会痊愈,死生在寅时。66

【未】向东会吉,有所得,向北则凶。西、【南都吉。未,早晨】打开晚上关闭。凡五未日,早晨被偷盗不会复得,白天的会复得,晚上则不得。进入,吉。生病,子时生病会好转,卯时会痊愈,死生在寅时。67

……【申,朝】关闭晚上打开。凡五申日,早晨被偷盗【会复得】……68

……酉,早晨打开【晚上】关闭,凡五酉日……69

戌,向东吉。【凡】五戌日,早晨……辰时痊愈,死生在酉时。70

……进入,有所得,非……乃……亥,朝閤(闭)夕启。凡五亥日,早晨被偷盗会复得,白天会复得,晚上不会复得。生病的话,卯时生病会好转,巳时会痊愈,死生在申。71

……吉,南又(有)……72

……得,西、北见□□……73

……□□□内(入),吉。以又(有)【疾】……74

……大翏(瘳),死生才(在)子。……75

……翏（瘳）。死生才（在）□76

## 【延展阅读】

### 一、《日书》中的占出入

这一篇是按照"十二支""五子""五丑"，来占卜出入、偷盗、疾病的。简文中拟补的文字，多是根据睡虎地秦简《日书》、王家台秦简《日书》中的类似内容所作。尤其是睡虎地秦简《日书》甲种有《十二支占》，其中所占内容及行文用词与这组简文有可对照阅读之处。下面以九店楚简内容比较齐全的"卯""辰"两部分来与其他简作对照：

| 九　店　楚　简 | 睡虎地秦简《日书》乙种《十二支占》 |
|---|---|
| 卯，【朝閔（闭）夕】启。凡五【卯，朝逃（盗）得，夕不得】。以内（入），必又（有）大死。以又（有）【疾】，未少翏（瘳），申大翏（瘳），死生才（在）丑。63 | 卯以东吉，北见吉，西南得。朝闭夕启，朝兆（盗）得，昼夕不得。·以入，必有大亡。以有疾，未少（小）翏（瘳），申大翏（瘳）。死 163 生在亥，狗肉从东方来，中鬼见社为姓（眚）。164 |
| 辰，朝启夕閔（闭）。凡五辰，朝【逃（盗）不】得，昼得，夕得。以内（入），吉。以又（有）疾，栖（酉）少翏（瘳），戌大翏（瘳），死生才（在）子。64 | 辰以东吉，北凶，先行，南得。朝闭夕启，朝兆（盗）不得，夕昼得。·以入，吉。以有疾，酉少（小）翏（瘳），戌大翏（瘳），死生在子，165 乾肉从东方来，把者精（青）色，巫为姓（眚）。166 |

二者对比，很明显，九店楚简的"五卯""五子"等内容是秦简所没有的，而秦简的"狗肉从东方来"一类内容也是楚简所没有的。除此之外，二者的其他细节则非常一致，如"未少翏（瘳），申大翏（瘳）"一类内容。需要注意的是，秦汉简"日书"里有不少以"十二支"为顺序来占卜的内容，如睡虎地秦简《日书》甲种有《十二支忌》《十二支占行》《吏》《入官》《盗者》《十二支占死咎》等。有些内容则是互相交叉的，如九店楚简里的"旦闭夕启"及"五子"等内容，也见于王家台秦简：

　　　五子,旦闭夕启,北得,东吉,南凶,西□……393

　　　五丑,旦闭夕启,东、北吉,南得,西毋行。388

　　　五未,旦闭夕启,西南吉,东得,北凶。

　　　五亥,旦暮不闭,北吉,东凶,□会饮食百具□。395

晏昌贵就曾通过对相关材料的对比分析,指出九店楚简的《启闭》(即本书《占出入盗疾》)是抄自两个不同的底本,"一个是以十二支为占,一个是以'五子'为占。睡简《日书》'启闭'则在九简的基础上加以整合,去掉了'五子',纯以十二支为占,而内容实质不变"(晏昌贵2010A)。

　　其实,表格中的"旦闭夕启",也见于睡虎地秦简《日书》甲种《盗者》篇,如下面的简文:

　　　卯,兔也。盗者大面,头额,疵在鼻,臧(藏)于草中,旦闭夕启北方。・多〈名〉兔竈陉突垣义酉。72背/95反

　　　午,鹿也,盗者长颈,小胕,其身不全,长耳而操蔡,疵在肩,臧(藏)于草木下,必依阪险,旦启夕闭东方。・名彻达禄得获错。75背/92反

需要说明的是"旦闭夕启",在这十二支里,只出现在"寅""卯""午""酉"四支的占文里。

　　在孔家坡汉简《日书》中有整理者拟名的《五子》篇,也是以"五子""五寅"等来占断吉凶的:

　　　五子不可以祠百鬼,利为囷。182贰

　　　五丑不可居新室,不出岁,必有死者……183贰

　　　五寅利除疾。184贰

　　　五辰利翠(?)柆及人臣妾。185贰

五巳不可食新禾黍,唯利盤史、为困。186 貳

五午可入货,货后绝亡。187 貳

五未不可树宫中,树产人死。188 貳

五酉不可盖室,材(裁)衣常(裳)。190 貳

这一篇的占断文字,与九店简差别比较大。

在上面的九店楚简与睡虎地秦简,有关于出入的内容,如九店楚简 66"□北得,西聒(闻)言,南【兇(凶)】"。另外在睡虎地秦简《日书》甲种及放马滩秦简《日书》乙种皆有《十二支占行》,列表如下:

| 睡虎地秦简《日书》甲种 | 放马滩秦简《日书》乙种 |
|---|---|
| 子,旦北吉,日中南得。136 壹 | 子,西凶,北得,东吉,南凶。101 貳 |
| 丑,旦北吉,东必得。137 壹 | 丑,西凶,东、北吉,南得。102 貳 |
| 【寅,西】得,东凶,北毋行。138 壹 | 寅,西凶,北得,东、南逢吉。103 貳 |
| 【卯,南】吉,西得,北凶,东见疾不死,吉。139 壹 | 卯,西、东吉,南得,北凶。94 貳 |
| 辰,北吉,南得,东西凶,毋行。136 貳 | 辰,西毋行,北凶,南得,东吉。95 叄 |
| 巳,南吉,西得,北凶,东见疾死。137 貳 | 巳,西凶,南吉,北得,东见疾人。96 叄 |
| 午,北吉,东得,南凶,西不反(返)。138 貳 | 午,西见言,南凶,东得,北凶。97 叄 |
| 未,东吉,北得,西凶,南毋行。138 貳 | 未,西、南吉,东得,北凶。98 叄 |
| 申,西南吉,北凶。136 叄 | 申,西吉,东、北得,南凶。99 叄 |
| 酉,西南吉,东凶。137 叄 | 酉,西吉,北凶,东少可,南逢言。100 叄 |
| 戌,东南西吉,南凶。138 叄 | 戌,西、北见兵,东得,南凶。101 叄 |
| 毋以亥行。139 叄 | 亥,西见祠者,东、北吉,南凶。102 叄 |

上表也是以十二支为顺序，专门有关出行的占文，二者之间差别颇大。在九店楚简中，此类内容则与盗、疾等内容糅合在了一起。可以说，"日书"类文献的基本构成单位"篇"，其内部组成及"分合"是非常复杂的。因此，目前看到的楚、秦及汉代的各种"日书"，由于时代地域的差异，就大致相同或有重叠交叉的"篇"来说，实难说清他们之间是否有明确的辗转层递关系。再者，加上这种文献在当时大概使用极广泛，经典化弱而流动性强，因此其文本形态、内在结构也就更加复杂。类似的特点在后世的选择类文献中也保存着。如跟上面表格相关的，在《玉匣记》中有《出行十二时吉凶方向》：

子：东北凶，西南吉；丑：东南凶，西北吉；寅：四方吉；

卯：南吉，余凶；辰：北吉，余凶；巳：东北凶，西南吉；

午：北吉，余凶；未：西北吉，东南凶；申：北凶，余吉；

酉：四方吉；戌：西北吉，东南凶；亥：四方吉。

黄一农就指出，这类选择出行方位的方法，"在术家之间并未取得共识，如在题为明初刘基所辑的《多能鄙事》中，亦出现'十二时出行吉凶方'一表，列出各时辰往四方出行的吉凶预测，但其休咎往亡与《玉匣记》中的'出行十二时吉凶方向'表相背，如辰时北方、辰时东方、辰时西方、午时南方、申时南方等时辰方位，即出现一为吉、一为凶的情形。类似的矛盾状况，亦可见于宋代的《新编阴阳足用选择龟鉴》、明代的《多能鄙事》及清代的《选择约编》等书之间。"（黄一农 2018）由此再来看出土文献的"日书"资料，其中同一类内容可互见的篇目之间的各种差异，在谈到其层递关系时需更加慎重。

除了上面说的以五子、十干、十二支来占断出行外，在放马滩秦简《日书》乙种中还有一篇题名为《禹须臾行日》的，则是将一月三十日按照旦、日中、昏、中夜四个时段，分别列出宜于出行的方位。由于辞例简单且多重复，下文只列其中的几日。

■禹须臾行日

入月一日,旦西吉,日中北吉,昏东吉,中夜南吉。54+25 壹

入月五日,旦南吉,日中西吉,昏北吉,中夜东吉。29 壹

入月十一日,旦东吉,日中南吉,昏北吉,中夜北吉。34 壹

入月十九日,旦北吉,日中东吉,昏南吉,中夜西吉。42B 壹

入月廿六日,旦西吉,日中北吉,昏东吉,中夜南吉。49 壹

将三十日的四个时段宜于出行的方位,可以列表如下:

|  | 旦 | 日中 | 昏 | 中夜 |
|---|---|---|---|---|
| 1—4 日(共 4 日) | 西 | 北 | 东 | 南 |
| 5—10 日(共 6 日) | 南 | 西 | 北 | 东 |
| 11—18 日(共 8 日) | 东 | 南 | 西 | 北 |
| 19—25 日(共 7 日) | 北 | 东 | 南 | 西 |
| 26—30 日(共 5 日) | 西 | 北 | 东 | 南 |

其中 1—4 日、26—30 日两组,其四个时段宜于出行的方位是完全一致的,因此可以算作一组。这四组的每一组的总日数分别是 6、7、8、9,其和恰好是 30。按照五行理论,数字也可以与五行搭配,因此"禹须臾行日"可能跟五行相关,但每一组的四个时段宜于出行的方位,其具体推算尚不得而知。与这一篇基本一致的内容也见于孔家坡汉简《日书》。

最后需要补充说明的是,上文讨论的九店楚简中"出""内(入)",一般似都从"交通"有关的出入来理解,如"以内(入),见疾"一句,李家浩就解释为"这一天如果入门,会出现疾病。《周易·复》有'出入无疾'之语,可以参看"(《九店楚简》)。如上表格所列的九店楚简的"以内(入),必又(有)大死"(63),与之对应的睡虎地秦简《日书》乙种则作"以入,必有大亡"(163)。

在楚简中,据陈斯鹏的研究,"入"可以记录{入}、{内}、{纳}三个音义相关的词。在秦简中"入"也可以记录这三个词。在秦简《日书》里"出入"后边可接人、材、马牛、奴婢等名词作宾语,如睡虎地秦简《日书》甲种:

《除》:阴日,利以家室。祭祀、家(嫁)子、取妇、入材,大吉。6 贰

外阴日,利以祭祀。作事、入材,皆吉。不可以之野外。10 贰

《秦除》:平日,可以取妻,入人、起事。17 贰

收日,可以入人民、马牛、禾粟,入室、取妻及它物。23 贰

闭日,可以劈决池,入臣徒、马牛、它生(牲)。25 贰

《稷辰》:势,是胃(谓)六甲相逆,利以战伐,不可以见人、取妇、家(嫁)女,出入货及生(牲)。44

结,是胃(谓)利以出货,不可以入,可以取妇、家(嫁)女。以免,弗复。46

《入寄者》:子、卯、午、酉不可入寄者及臣妾,必代居室。127 背壹/40 反壹

所以,再来看九店楚简的"出入",将其理解为及物动词的"出入"也未尝不可,只是其没有说出人民、马牛一类的宾语而已。上引九店楚简的"以入,必有大亡",前后两种相反的结果,类似表述在《日书》中很常见,如睡虎地秦简《良日》:"午不可入货,货必后绝。"与之更类似的文句,如上引孔家坡汉简《五子》的"五午可入货,货后绝亡",其中的"入""亡",也可看作理解九店楚简"内""出"的一个参考。与此"入"字类似,可表多词的,如睡虎地秦简中的《行》,其中的"行"既可表示与交通有关的"行",也可表宽泛的行为之"行",详见下文。

在出土文献《日书》中,与出行有关的篇比较多见,如上面已经论及的睡虎地秦简和放马滩秦简的《十二支占行》,在睡虎地秦简、放马滩秦简、孔家坡汉简中还有如下一些:

　　　　睡虎地秦简《日书》甲种：《行》《归行》《行忌(一)》《行忌(二)》

　　　　睡虎地秦简《日书》乙种：《行忌(一)》《行》《行忌(二)》

　　　　放马滩秦简《日书》甲种：《禹须臾行日》《禹须臾行不得择日》

　　　　放马滩秦简《日书》乙种：《禹须臾行日》《禹须臾行喜》《远行凶》
《归行》《禹须臾行不得择日》

　　　　孔家坡汉简：《归行》《禹须臾行日》《行日》

　　　　马王堆汉墓帛书：《出行占》

以上罗列的与"行"有关的占断文字，其数术原理比较复杂，如其中的《归
行》，涉及"岁"的部分，详见下文《往亡》。再如睡虎地秦简《日书》甲种
的《行》：

　　　　行

　　　　凡且有大行、远行若饮食、歌乐、聚畜生及夫妻同衣，毋以正月上
旬午，二月上旬亥，三月上旬申，四月上旬丑，五月上旬戌，六月上旬
卯，七月上旬子，八月 127 上旬巳，九月上旬寅，十月上旬未，十一月
上旬辰，十二月上旬酉。・凡是日赤啻(帝)恒以开临下民而降其英
(殃)，不可具为百事，皆毋(无)所利。节(即)有为也，128 其央(殃)
不出岁中，小大必至。有为而禺(遇)雨，命曰央(殃)蚤(早)至，不出
三月，必有死亡之志至。・凡是有为也，必先计月中间日，句(苟)毋
(无)直赤啻(赤)临日，它日虽 129 有不吉之名，毋(无)所大害。・凡
民将行，出其门，毋(无)敢顾，毋止。直述(术)吉，从道右吉，从左客。
少(小)顾是胃(谓)少(小)楮，客；大顾是胃(谓)大楮，凶。130

这里的"行"，王子今指出，不仅包括交通行为的"行"，也指宽泛的"行事"，
也就是简文中说的"有为"。"行"图版不清，《秦简牍合集》根据孔家坡汉
简的《临日》，怀疑其也当是"临日"。但其开头说的大行、远行，与出行有

关是比较清楚的。至于其中的"正月上旬午……"等,其原理尚不得而知。

《日书》中还有很多篇,虽然不以"出入"为主题,但多有涉及出行的内容,如《日书》中常见的"离日""穷日""刍日""出行龙日"等。

　　睡虎地《日书》甲种《艮山》:此所胃(谓)艮山,禹之离日也。从上右方数朔之初,日 47 叁及枳(支)各一日,尽之而复从上数,日与 48 叁枳(支)刺艮山,之胃(谓)离日。离日不可 49 叁以家(嫁)女、取妇及入 50 叁人民畜生,唯 51 叁利以分异。离 52 叁日不可以行,行不反(返)。53 叁

　　睡虎地《日书》甲种《刍日敫日》:四月甲刍,五月乙刍,七月丙刍,八月丁刍,九月巳刍,十月庚刍,十一月辛刍,十二月己刍,正月壬刍,二月癸刍,三月戊刍,六月戊刍。

　　凡刍日,可以取妇、家(嫁)女,不可以行,百事凶。

　　放马滩秦简《日书》乙种《归行》:·凡大行龙日丙、丁、戊、己、壬、戌、亥,不可以行及归。316

　　孔家坡汉简《穷日》:禹穷日,入月二日、七日、九日、旬三、旬八、二旬二日、二旬五日,不可行。151 壹

除了各种对出行的占断之外,《日书》还有不少"祠行"的,如九店楚简《丛辰》中的"以祭门、𥛀(行)"。"𥛀"作为"五祀"之一,即古代的主道路之神。《礼记·曲礼下》:"天子祭天地,祭四方,祭山川,祭五祀,岁遍。"郑玄注:"五祀,门、户、中霤、灶、行也。"《礼记·祭法》郑玄注说:"门户,主出入;行,主道路行作。"《论衡·祭意》:"五祀,报门、户、井、灶、室中霤之功。门、户,人所出入;井、灶,人所欲食;中霤,人所托处。五者功钧,故俱祀之。"九店楚简中的"𥛀",从行从示,为行神之专字,也见于其他楚简中,但也或用"行"字,并不统一。《日书》中有不少有关祠行的占断文字,如:

睡虎地秦简《日书》甲种《良日》：祠行良日，庚申是天昌，不出三岁必有大得。79 貳

睡虎地秦简《日书》乙种《祠五祀》：祠行日，甲申、丙申、戊 37 貳 申，壬申，乙亥，吉。龙戊、己。38 貳

祠五祀日，丙丁灶，戊己内中土，乙户，壬癸行，庚辛□、40 貳

睡虎地秦简《日书》乙种《祠》：行行祠　行祠，东行南〈南行〉，祠道左；西北行，祠道右。其謞（号）曰：太常行，合三土皇，耐为四席。席叕（餟）其后，亦席三叕（餟）。其祝 145 曰：“毋（无）王事，唯福是司，勉饮食，多投福。”146

睡虎地秦简两种《日书》及放马滩秦简《日书》甲种皆有《出邦门》，或是为没有提前择日而设的紧急情况下的出行仪式，其中睡虎地秦简《日书》甲种的文字比较完整：

行到邦门困（閈），禹步三，勉壹步，譚（呼）：“皋，敢告曰：某行毋（无）咎，先为禹除道。”即五画地，掫其画中央土 111 背/56 反而怀之。112 背/55 反

与之性质近似的内容，也见于多种后世选择类文献中，如后世常见的《玉匣记》，有“出行紧急用四纵五横法”，其文云：

出行紧急不暇择日当作纵横法：正身齐足立于门内，叩齿三十六通。以右手大拇指，先画四纵，后画五横。画毕，咒曰：“四纵五横，吾今出行。禹王卫道，蚩尤避兵。盗贼不得起，虎狼不得侵。行远归故乡，当吾者死，背吾者亡。急急如九天玄女律令。”咒毕便行，慎勿反顾。每出行，将咒念七遍，画地，却以土块压之，自然吉矣。

上文虽与秦简的时代相去甚远,文字也差别甚大,但性质及巫术的方法应该是相似的。

## 二、《日书》中的占盗

本篇中对"逃(盗)"的占断文字都比较简单,如"凡五子,朝逃(盗)得,昼不得,夕不得"。在睡虎地秦简《日书》甲种《十二支占》中,行文用词与之类似,如"子……朝启夕闭,朝兆(盗)不得,昼夕得。"在睡虎地秦简、放马滩秦简、孔家坡汉简等《日书》中皆有以占盗为主题的占断文字,主要有两种,分别以天干、地支为依据来占断。以天干为依据的,如睡虎地秦简《日书》乙种《盗》,放马滩秦简《日书》甲、乙种《十干占盗》,前一种是原有题名,后二者是整理者所拟。且后者文字比较完整,下面是放马滩秦简《日书》甲种的文字:

·甲亡,盗在西方,一于(宇)中食者五口,疵在上,得,男子殹。22

·乙亡,盗青色,三人,其一人在室中,从东方入,行有【遗】殹,不得,女子殹。23

·丙亡,盗在西方,从西北入,折齿,得,男子殹,得。24壹

·丁亡,盗女子殹,在东方,其疵在足,已南【矣】,不得。25壹

·戊亡,盗在南方,食者五口一于(宇)间,男子殹。亡【蚤(早)】不得,亡莫(暮)而得。26

·己亡,其盗在,为人黄皙,在西南,其室三人食,其一人已死矣,女子殹,得。27

·庚亡,其盗丈夫殹,其室在北方,其序扁匾,其室有黑莘犊男子,不得。28

·辛亡,盗不得,外盗殹,女子殹。29壹

·壬亡,其盗可得殹。若得,必有死者。男子殹,青色。29贰

・癸亡，其盗女子殹，必得，为人操（躁）不靖。25 贰

这一篇中，干支与盗者的方位、颜色之间看不出有明显的规律。

以十二地支为占断依据的，睡虎地秦简《日书》甲种原有题名的《盗者》，放马滩秦简《日书》甲种、乙种皆有《十二支占盗》，孔家坡汉简有《盗日》。其中放马滩秦简无题名，为整理者所加。这几篇都是按照十二支来占"盗"的，文字虽有差异，但秦简三种的内部差异相对而言较小，而三者与孔家坡汉简差距较大。下面列出睡虎地秦简《日书》甲种、放马滩秦简《日书》甲种与孔家坡汉简：

| 睡虎地秦简《日书》甲种《盗者》 | 放马滩秦简《日书》甲种《十二支占盗》 | 孔家坡汉简《盗日》 |
|---|---|---|
| 盗者<br>子，鼠也。盗者兑（锐）口，希（稀）须，善弄手，黑色，面有黑子焉，疵在耳，臧（藏）于垣内粪蔡下。・多〈名〉鼠鱫孔午郢。69 背/98 反 | ■子，鼠殹。以亡，盗者中人，取之，臧（藏）之穴中毕〈粪〉土中，为人锐面、小目，目眄然，扁然，名曰轵、曰耳、曰声，贱人殹，得。30A＋32B | 盗日<br>子，鼠也。盗者兑（锐）口，希（稀）须，善□，□有黑子焉。臧（藏）安内中粪蔡下，女子也。其盗在内中。367 |
| 丑，牛也。盗者大鼻，长颈，大辟（臂）臑而偻，疵在目，臧（藏）牛厩中草木下。・多〈名〉徐善赹以未。70 背/97 反 | 丑，牛殹。以亡，其盗从北方〖入〗，憙（喜）大息。盗不远，旁桑也，得。31 | 丑，牛也。盗者大鼻……。臧（藏）牛牢中。368 |
| 寅，虎也。盗者壮，希（稀）须，面有黑焉，不全于身，从以上辟臑梗，大疵在辟，臧（藏）于瓦器间，旦闭夕启西方。・多〈名〉虎豻貙豹申。71 背/96 反 | 寅，虎殹。以亡，盗从东方入，有（又）从〖之〗出，臧（藏）山谷中，其为人方面，面广频，罘（圆）目。盗它所人殹，不得。32A＋30B | 寅，虎也。盗者虎状，希（稀）……，不全于中，以上大辟（臂）臧（藏）。其盗决，疵善，象（喙）口，东臧（藏）之史耳若所（?）369 |
| 卯，兔也。盗者大面，头额，疵在鼻，臧（藏）于草中，旦闭夕启北方。・多〈名〉兔竂宧突垣义百。72 背/95 反 | 卯，兔殹。以亡，盗从东方入，复从出，臧（藏）野林草茅中，为人短面，出，不得。33 | 卯，兔也。盗者大面，短豪，臧（藏）草□□。盗者小短，大目，勉（兔）口，女子也。370 |

| 睡虎地秦简《日书》甲种《盗者》 | 放马滩秦简《日书》甲种《十二支占盗》 | 孔家坡汉简《盗日》 |
|---|---|---|
| 辰，盗者男子，青赤色，为人不彀（谷），要有疵，臧（藏）东南反（坂）下。车人，亲也，勿言已。‧多〈名〉犬瞿不图射亥戌。73背/94反 | 辰，虫殹。以亡，盗者从东方入，有（又）从〖之〗出，取者臧（藏）溪谷窳内中，外人殹，其为人长颈、小首、小目。女子为巫，男子为祝。名34 | 辰，虫也。……□中，□于器间。其盗女子也，为巫，门西出。371 |
| 巳，虫也。盗者长而黑，蚋目，黄色，疵在足，臧（藏）于瓦器下。‧名西莒亥旦。74背/93反 | 巳，鸡殹。以亡，盗者中人殹，臧（藏）困屋辰粪土中、寒木下，其为人小面、长赤目，贱人殹，得。35 | 巳，虫也。盗者长而黑，虫目而黄色，臧（藏）在瓦器下。其盗深目而鸟口、轻足。371 |
| 午，鹿也。盗者长颈，小胻，其身不全，长耳而操蔡，疵在肩，臧（藏）于草木下，必依阪险，旦启夕闭东方。‧名觢达禄得获错。75背/92反 | 午，马殹。盗从南方入，有（又）从之出，再【才】（在）厩虎乌【橐】〖中，为人长面、大目，喜疾行，外人，不远〗。36 | 午，鹿也。盗者长颈，细胻，其身不全，长躁躁然，臧（藏）之草木下，贩（阪）险。盗长面，高耳有疵，男子也。373 |
| 未，马也。盗者长须耳，为人我我然好歌无（舞），疵在肩，臧（藏）于乌橐中，阪险，必得。‧名建章丑吉。76背/91反 | 未，羊【殹】。盗者从南方〖入〗，有（又）从〖之〗出，再在牢圈中，其为人小颈、大复（腹）、出目，必得。37 | 未，马也。盗者长颈而长耳，其为人我（娥）我（娥）然，好歌舞，臧（藏）之乌橐厩中，其盗秃而多口，善数步。374 |
| 申，环也。盗者园（圆）面，其为人鞈鞈然，凤得莫（暮）不得。‧名责环貉豺干都寅。77背/90反 | 申，石殹。盗从西方【入】，再在山谷，为人美，不牷，名曰环，远所殹，不得。38 | 申，玉石也。盗者曲身而邪行，有病，足胻，依贩（阪）险，受之。其盗女子也，秃，从臧（藏）西方，厌（压）以石。375 |
| 酉也，水也。盗者甬而黄色，疵在面，臧（藏）于园中草下，旦启夕闭，凤得莫（暮）不得。‧名多酉起婴。78背/89反 | 酉，鸡殹。盗从西方入，复从西方出，再在困屋东辰水旁，名曰灌，有黑子侯（瘊）。39 | 酉，水日。盗者言乱，黄色，臧（藏）之园中草木下。其盗男子也，禾白面，间，在内中。376 |

| 睡虎地秦简《日书》甲种《盗者》 | 放马滩秦简《日书》甲种《十二支占盗》 | 孔家坡汉简《盗日》 |
|---|---|---|
| 戌,老羊也。盗者赤色,其为人也刚履,疵在颊。臧(藏)于粪蔡中土中。凤得莫(暮)不得。•名马童犨恿辰戌。79背/88反 | 戌,犬〖殹〗。再在责(积)薪、粪蔡中,黑单,多言,旬【月当】得。40 | 戌,老火也。盗者赤色,短颈,其为人也刚履(愎)。臧(藏)之粪蔡之中,襄(壤)下。其盗出目,大面,短头,男子也。377 |
| 亥,豕也。盗者大鼻而票(剽)行,长脊,其面不全。疵在要(腰),臧(藏)于囷中垣下,凤得莫(暮)不得。•名豚狐夏穀□亥。80背/87反 甲盗名曰耤郑壬赣强当良。•乙名曰舍徐可不咏亡忧。丙名曰轎可癸上。•丁名曰浮妾荣辨仆上。•戊名曰匽为胜纸。81背/86反己名曰宜食成怪目。•庚名曰甲郢相卫鱼。•辛名曰秦桃乙忌慧。•壬名曰黑疾齐誣。癸名曰阳生先智丙。83背/85反 | 亥,豕殹。盗者中殹,再在屏囷方,及矢(屎),其为人长面、折鞮、赤目、长发,得。41 | 亥,豕也。盗者大鼻而细胅,长脊,其面有黑子,臧(藏)囷中坏垣下。其盗女子也,出首,臧(藏)室西北。378 |

这类占断内容主要是依据十二地支,来占断盗者的相貌、藏匿地点及盗者名字等。非常明显的是,每一地支字相配的多为某一种动物,而与之相配的盗者的相貌与这种动物则具有某种相似性。相比较可知,孔家坡汉简文字相对简单,没有提及盗者的名字。从与十二支相配的动物名及相关占文看,睡虎地秦简和孔家坡汉简在文字上关系更密切,而放马滩秦简则与二者有明显的差距。如从用词上说,放马滩秦简用"殹",其他二者用"也"。放马滩秦简中的"再",其他二者相对应的词则是"臧(藏)"。另外在盗者藏匿的方向上,放马滩秦简相对其他二者则有明显的规律。

| | 睡 虎 地 | 放 马 滩 | 孔 家 坡 |
|---|---|---|---|
| 子 | | | |
| 丑 | | | |
| 寅 | 旦闭夕启西方 | 盗从东方入，有(又)从【之】出， | |
| 卯 | 旦闭夕启北方 | 盗从东方入，复从出， | |
| 辰 | 臧(藏)东南反(坂)下 | 盗者从东方入，有(又)从【之】出 | 门西出 |
| 巳 | | | |
| 午 | 旦启夕闭东方 | 盗从南方入，又(有)从之出 | |
| 未 | | 盗者从南方【人】，有(又)从【之】出 | |
| 申 | | 盗从西方【入】 | 从臧(藏)西方 |
| 酉 | | 盗从西方入，复从西方出 | |
| 戌 | | | |
| 亥 | | | 臧(藏)室西北 |

对比可知，睡虎地秦简、孔家坡汉简二者的地支与方位之间无明显规律可循。而放马滩秦简则是有明显规律的。按照十二支与四方的搭配，寅、卯、辰属东方，巳、午、未属南方，申、酉、戌属西方，亥、子、丑属北方。放马滩秦简中的方位虽然并不全，但就其中的方位看，则都与之符合。从干支与方位的搭配是否有规律来判断日书抄写时代的早晚，就上面表格看，似不合适。

## 三、《日书》中的占病

这一篇里以"五子""五卯"等来占卜疾病，在《日书》里还有以十天干来占病的，如睡虎地秦简《日书》甲种中的《病》，详见上文《五子、五卯和五亥日禁忌》。也有根据十二地支来占断的，如这里要讨论的九店楚简《占出入疾盗等》中的部分内容。由于这一篇里也按照"五子""五卯"等来占卜疾病的,但原简残损厉害,整理研究中多以睡虎地秦简《日书》乙种《十二支占》为参照。下面将睡虎地秦简中的相关的有疾、小瘳、大瘳、死生等内容列成表格如下:

| 有疾 | 少瘳 | 大瘳 | 死生 |
|---|---|---|---|
| 子 | 辰 | 午 | 申 |
| 丑 | 巳 | 酉 | 子 |
| 寅 | 午 | 申 | 子 |
| 卯 | 未 | 申 | 亥 |
| 辰 | 酉 | 戌 | 子 |
| 巳 | 申 | 亥 | 寅 |
| 午 | 戌 | 子 | 寅 |
| 未 | 子 | 卯 | 寅 |
| 申 | 子 | □ | 辰 |
| 酉 | 丑 | 辰 | 未 |
| 戌 | 卯 | 辰 | 酉 |
| 亥 | 卯 | 巳 | 【申】 |

李家浩曾指出"占盗疾等"所说的"有疾之日跟小瘳之日、大瘳之日之间相隔的时间,是有一定规律的,一般分别相隔五日至六日(含有疾之日,下同)、六日至九日"(《九店楚简》)。与之类似的内容,是孔家坡汉简《死》,篇名为整理者所加。

子有疾,四日小汗(间),七日大汗(间)。其祟天土。甲子鸡鸣有疾,青色死。 352 壹

丑有疾，三日小汗（间），九日大汗（间）。其祟三土君。乙丑平旦有疾，青色死。353 壹

寅有疾，四日小汗（间），五日大汗（间）。祟北君冣主。丙寅日出有疾，赤色死。354 壹

卯有疾，三日小汗（间），九日大汗（间）。祟三公主。丁卯蚤食有疾，赤色死。355 壹

辰有疾，四日小汗（间），七日大汗（间）。祟大父。戊辰莫（暮）食有疾，黄色疾。356 壹

巳有疾，三日小汗（间），九日大汗（间），祟高姑姊□。己巳有疾，黄色死。357 壹

午有疾，三日小汗（间），七日【大】汗（间）。祷及道，鬼尚行。庚午日失（昳）有疾，白色死。358 壹

【未有疾】……市有疾，白色死。359 壹

【申有疾】……□旱殇。壬申莫（暮）市有疾，黑色死。360

【酉有疾】……祟门臽之鬼。361

【戌有疾】……□祟门、街。戊戌黄昏有疾死。362

【亥有疾】……汗（间）。祟人炊、老人。癸亥人郑（定）有疾死。363

其中"疾"与"小汗（间）"间隔为三日或四日，而与"大汗（间）"之间的间隔是五或七或九日。对比上面引到的睡虎地秦简《日书》乙种《十二支占》中疾、小瘳、大瘳等的天数间隔，二者都看不出较为明确的规律，其数术理论依据也不得而知。有学者指出敦煌遗书里有《发病书》，其中有《推得病日法》，与上面的睡虎地秦简、孔家坡汉简内容类似，只不过把"瘳""汗（间）"改变为"差（瘥）"，"死生在"作"生死忌"，但其中的"小差""大差""生死忌"间隔及排列更有规律。需要说明的是，"其祟天土""其祟三土君"等之

"祟",《随州孔家坡汉墓简牍》原释为"祭(患)",此从陈剑说。

在放马滩秦简式占古佚书里,也有几组与疾病相关的占断文字,是以日辰时数来占卜的,有如下两组,下面主要按照程少轩的释文。

1. 凡卜来问病者,以来时投日辰时数并之。上多下占〈日〉病巳(已);上下等曰陲(垂)巳(已),下多上一日未巳(已)而几己(已);下多上二日□巳(已);下多三日 345

□日尚久;多四五六日九,未智(知)巳(已)时;多七日病不巳(已);多八九日死 348

2. 占疾:投其病日辰时,以其所中之辰间,中其后为巳(已)间,中其前为未间。得其月之剽恐死;得其【月】338 之敦(?)癃;得其吉善;得其闭病中虽巳(已);得其建多余病;得除恐死;得其盈笃病;得其吉善;得 335 其臽病久不☑ 358a

占病者,以其来问时直(值)日辰时,因而三之,即直九(?)结四百五而以□三□阴正月不足乡围不直及者日久易如其饮□以 355

由于竹简本身断残,具体的操作方法不是很确定,吕亚虎在总结已有研究结果的基础上,认为是用投掷的方法,以病发时辰或来问疾的具体时辰作为占断病情发展的依据。

古人认为生病或是由某种"祟"造成的,如上文讨论的睡虎地秦简《日书》的"病",其对"祟"及病情发展的占断即以五行为依据。在放马滩式占古佚书中也有一组占病祟的。

占病祟,除(余)一天殿,公外;二【地】,社稷立(位?);三人鬼,大父及殇;四【时】,大过(? 退)及北公;五音,巫帝(?)、阴、雨公;六律,司命、天兽;七星,死者;350 八风,相、养(?)者;九水(州?),大水殿。192

研究者认为,这段文字是与相关式图配合使用的。其中提到的病祟的各种鬼神,其释读目前仍有很多不确定的地方,此不赘引。

# 九、太 岁

## 【释文】

【大】(太)岁:十月、屈栾、訇(享)月才(在)西,臾(爨)月、远栾、夏栾才(在)北,献马、瑙屎、八月才(在)东,冬栾、夏屎、【九月才(在)南】77

## 【译文】

【大】(太)岁:十月、屈栾、訇(享)月在西方,臾(爨)月、远栾、夏栾在北方,献马、瑙屎、八月在东方,冬栾、夏屎、【九月在南方】。77

## 【延展阅读】

### 一、岁:大岁、小岁

对于这一组简,李家浩解释说:"本简所记'太岁'运行四方的顺序是自西而北、而东、而南,秦简所记'太岁'运行四方的顺序是自东而南、而西、而北。清代学者孙星衍在《月太岁旬中太岁考》一文里指出,古代的太岁有三。一、年太岁,即左行二十八宿,十二年一周天的太岁。二、月太岁,即《淮南子·天文》所说的'月从右行四仲,终而复始'的太岁。三、旬中太岁,即一旬而徙的太岁(见《问字堂集》卷一)。本简的太岁和秦简的太岁,即属于月太岁。"(《九店楚简》)胡文辉又指出这里的"太岁"实属一种"小岁"。

据胡文辉的研究,在睡虎地秦简里有两种"岁",先来看第一种岁的材料:

睡虎地秦简《日书》甲种《岁》：

岁

刑夷、八月、献马，岁在东方，以北大羊（祥），东旦亡，南禺（遇）英
（殃），西数反其乡。64 壹

夏夷、九月、中夕，岁在南方，以东大羊（祥），南旦亡，西禺（遇）英
（殃），北数反其乡。65 壹

纺月、十月、屈夕，岁在西方，以南大羊（祥），西旦亡，北禺（遇）英
（殃），东数反其乡。66 壹

七月、爨月、援夕，岁在北方，以西大羊（祥），北旦亡，东禺（遇）英
（殃），南数反其乡。67 壹

睡虎地秦简《日书》甲种《徙》：

正月五月九月，北徙大吉，东北少（小）吉，若以是月殹（也）东送
〈徙〉，毄，东南刺离，南精，西南室毁，西困，西北辱。59 壹

二月六月十月，东徙大吉，东南少（小）吉，若以〖是〗月殹（也）南
徙，毄，西南刺离，西精。西北毄，北困辱。60 壹

三月七月十一月，南徙大吉，西南少（小）吉，若以是月殹（也）西
徙，毄，西北刺离，北精，东毁，东北困，东南辱。61

□月八月十二月，西徙大吉，西北少（小）吉，若以是月殹（也）北
徙，毄，东北刺离，南精，东南毁，南困辱。62

□□□毄者，死殹（也）。刺者，室人妻子父母分离。精者，□□□□
□□□□□□□□□。困者，□□所□□。辱者，不执而为□人矢□。63

睡虎地秦简《日书》乙种《嫁子□》：

家（嫁）子□

正月、五月、〖九月〗，正东尽，东南夬丽，西南执辱，正西郤逐，西
北续光，正北吉富，东北。197

二月、六月、十月，正南尽，西南斲（斗），正西夬丽，西北执辱，正
北郤，北续光，正东吉富，东南反乡。198

三月、七月、十一月，正西尽，北断（斗），正北夬丽，东北执辱，正东郄逐，东南续光，正南吉富，西南反乡。199

四月、八月、十二月，正北【尽】，□□断（斗），正东夬丽，南执辱，正南〖郄逐，西南〗续光，正西吉富，西北反乡。200

将以上三者的主要内容，列成表格如下：

《岁》

| | 东 | 南 | 西 | 北 | |
|---|---|---|---|---|---|
| 一月五月九月 | 旦亡 | 遇殃 | 数反其乡 | 大祥 | |
| 二月六月十月 | 大祥 | 旦亡 | 遇殃 | 数反其乡 | |
| 三月七月十一月 | 数反其乡 | 大祥 | 旦亡 | 遇殃 | |
| 四月八月十二月 | 遇殃 | 数反其乡 | 大祥 | 旦亡 | |

《徙》

| | 东 | 东南 | 南 | 西南 | 西 | 西北 | 北 | 东北 |
|---|---|---|---|---|---|---|---|---|
| 一月五月九月 | 殼 | 刺离 | 精 | 室毁 | 困 | 辱 | 大吉 | 小吉 |
| 二月六月十月 | 大吉 | 小吉 | 殼 | 刺离 | 精 | 室毁 | 困 | 辱 |
| 三月七月十一月 | 毁 | 辱 | 大吉 | 小吉 | 殼 | 刺离 | 精 | 困 |
| 四月八月十二月 | | 毁 | 精 | 辱 | 大吉 | 小吉 | 殼 | 刺 |

《嫁子□》

| | 正东 | 东南 | 正南 | 西南 | 正西 | 西北 | 正北 | 东北 |
|---|---|---|---|---|---|---|---|---|
| 一月五月九月 | 尽 | 斗 | 夬丽 | 执辱 | 郄逐 | 续光 | 吉富 | 反乡 |
| 二月六月十月 | 吉富 | 反乡 | 尽 | 斗 | 夬丽 | 执辱 | 郄逐 | 续光 |

续　表

| | 正东 | 东南 | 正南 | 西南 | 正西 | 西北 | 正北 | 东北 |
|---|---|---|---|---|---|---|---|---|
| 三月七月十一月 | 郄逐 | 续光 | 吉富 | 反乡 | 尽 | 斗 | 夬丽 | 执辱 |
| 四月八月十二月 | 夬丽 | 执辱 | 郄逐 | 续光 | 吉富 | 反乡 | 尽 | 斗 |

孔家坡汉简有与之类似的内容：

徙时

正月五月九月，西北启光，正北吉昌，〖东北反乡，〗东死亡，东南断（斗），正南别离，西南执辱，正西却逐。97

二月六月十月，东北启光，正东吉昌，东南反乡，正南死亡，西南断（斗），正西别离，西北之辱，正北却逐。98

【三月】七月十一月，东南启光，正南吉昌，西南反乡，正西死亡，西北断（斗），正北别离，东北执辰〈辱〉，正东却逐。99

四月八月十二月，西南启光，正西吉昌，西北反乡，正北死亡，东北断（斗），正东别离，东南执辱，正南却逐。100

以上内容可以列为表格如下：

| | 西北 | 正北 | 东北 | 正东 | 东南 | 正南 | 西南 | 正西 |
|---|---|---|---|---|---|---|---|---|
| 正月五月九月 | 启光 | 吉昌 | 反乡 | 死亡 | 斗 | 别离 | 执辱 | 却逐 |
| 二月六月十月 | 执辱 | 却逐 | 启光 | 吉昌 | 反乡 | 死亡 | 斗 | 别离 |
| 三月七月十一月 | 斗 | 别离 | 执辱 | 却逐 | 启光 | 吉昌 | 反乡 | 死亡 |
| 四月八月十二月 | 反乡 | 死亡 | 斗 | 别离 | 执辱 | 却逐 | 启光 | 吉昌 |

　　四个表格相比较,其规律较为清楚。即根据"岁"的运行可占断出行到各个方位的吉凶。其运行特征是:一、五、九这三个月岁在东方,二、六、十这三个月岁在南方,三、七、十一这三个月岁在西方,四、八、十二这三个月岁在北方。"岁"是左行,即按照东南西北的次序运行,从正月开始,一月居一方,每四个月绕行四方一周,十二月绕行四方三周,列表如下:

| 月份 | 一 | 二 | 三 | 四 | 五 | 六 | 七 | 八 | 九 | 十 | 十一 | 十二 |
|---|---|---|---|---|---|---|---|---|---|---|---|---|
| "岁"所在 | 东 | 南 | 西 | 北 | 东 | 南 | 西 | 北 | 东 | 南 | 西 | 北 |

　　以上是第一种"岁"。还有一些内容多见四季与四方相配的记载,虽然其中没有"岁"一类的文字,但也是按照"岁"的运行特征来占断的,如:

睡虎地秦简《日书》甲种《起室》:

春三月,毋起东乡(向)室。96 贰
夏三月,毋起南乡(向)室。97 贰
秋三月,毋起西乡(向)室。98 贰
冬三月,毋起北乡(向)室。有以者大凶,必有死者。99 贰

列成表格则如下:

| 月份 | 一 | 二 | 三 | 四 | 五 | 六 | 七 | 八 | 九 | 十 | 十一 | 十二 |
|---|---|---|---|---|---|---|---|---|---|---|---|---|
| "岁"所在 | 东 | 东 | 东 | 南 | 南 | 南 | 西 | 西 | 西 | 北 | 北 | 北 |

以上是第二种"岁"。关于这两种岁的记载,都见于《淮南子·天文》:

斗杓为小岁,正月建寅,月从左行十二辰;咸池为太(大)岁,二

〈正〉月建卯，月从右行四仲，终而复始。太（大）岁迎者辱，背者强，左者衰，右者昌；小岁东南则生，西北则杀，不可迎也，而可背也，不可左也，而可右也，其此之谓也。大时者，咸池也；小时者，月建也。

胡文辉指出其中的"二月建卯"当为"正月建卯"。因此可以将上面一段文字列表如下：

| 月　份 | | 一 | 二 | 三 | 四 | 五 | 六 | 七 | 八 | 九 | 十 | 十一 | 十二 |
|---|---|---|---|---|---|---|---|---|---|---|---|---|---|
| 太岁所在 | 十二辰 | 卯 | 子 | 酉 | 午 | 卯 | 子 | 酉 | 午 | 卯 | 子 | 酉 | 午 |
| | 方位 | 东 | 北 | 西 | 南 | 东 | 北 | 西 | 南 | 东 | 北 | 西 | 南 |
| 小岁所在 | 十二辰 | 寅 | 卯 | 辰 | 巳 | 午 | 未 | 申 | 酉 | 戌 | 亥 | 子 | 丑 |
| | 方位 | 东 | 东 | 东 | 南 | 南 | 南 | 西 | 西 | 西 | 北 | 北 | 北 |

"太岁"的运行有左行、右行两种方式，上表中的"太岁"运行则是右行，即东北西南。如随州孔家坡汉简《徙》所说："大时右行间二，小时左行毋数。"太岁和小岁都是在固定的周期内游行于四方的神煞。其中太岁的特点是"迎者辱，背者强，左者衰，右者昌"。小岁的特点是"不可迎也，而可背也，不可左也，而可右也"。二者的特征是一样的，都是迎则凶，背则吉，左则凶，右则吉。"迎"与"背"相对，也就是"向"意思。由此看来，上引睡虎地秦简中的《岁》《徙》《嫁子□》的吉凶情况与上表"太岁所在"是一致的。如《岁》中的"一五九"三个月，"岁"在东方，东（迎）则"旦亡"，西（背岁）则"数反其乡"，南（左岁）则"遇殃"，北（右岁）则"大祥"，与太岁"迎者辱，背者强，左者衰，右者昌"的特点是吻合的。上引简文通过太岁的方位，来判断徙、嫁子等，张家山汉简《盖庐》中，申胥在论述"凡战之道"时，说："左大（太）岁、右五行可以战。"也是同样的道理。

通过对比，也可以看出睡虎地秦简《日书》甲种《起室》的吉凶与"小岁所在"的吉凶是一致的。"春三月"，岁在东方，"不可迎也"，所以"毋起东乡(向)室"。其他的"夏三月""秋三月""冬三月"可以类推。

由此可知,上面所说的睡虎地秦简《日书》的第一种"岁"即《淮南子·天文》中的"大岁""咸池",第二种"岁"即"小岁""月建"。九店楚简中的《太岁》即第二种"岁"。这两种岁又被称为"大时""小时",在孔家坡汉简中有较为详细的记载,详见下文《移徙》篇。

根据这种"岁"的运行来占断吉凶的例子,在出土秦汉简牍里还有一些,如放马滩秦简《日书》乙种《土攻(二)》中的一条简文:

> ·正月东方,四月南〖方〗,七月四方,十月〖北方〗,凡是谓咸池会月殹(也),不可垣其乡(向)。垣高庳,死。□谷兵,男子死。□坏,女子死。139

这里的"咸池"亦即"太岁","正月东方,四月南〖方〗,七月西方,十月〖北方〗"与上文书说的《淮南子·天文》中的"咸池为太岁"所在方位是一致的,所以简文后面说"不可垣其乡(向)",与太岁"迎者辱,背者强,左者衰,右者昌"的特点也是吻合的。

再如下面孔家坡汉简的例子:

> 门:
>
> 正月五月九月可以为北门,戊寅、甲寅、辰,筑吉。286贰
> 二月六月十月可以为东门,以戊寅、壬寅、辰,筑吉。287贰
> 三月七月十一月可以为南门,以壬申、午、甲午,筑吉。288贰
> 四月八月十二月可以为西门,七星、斗、牵牛、吉。以甲申、辰、庚辰,祠吉。289贰午,筑吉。春为南门,夏为西门,秋为北门,冬为东门。290贰
>
> 北门毋东徙,东门毋北徙,南门毋西徙,西门毋南徙。296贰大徙之大敚,小徙之小敚。凡五丑不可耳门。297贰

上面的简文涉及的内容较为复杂，下面先将月份与相关方位的内容列为表格：

| | | |
|---|---|---|
| 正月、五月、九月 | 可以为北门 | 毋东徙 |
| 二月、六月、十月 | 可以为东门 | 毋北徙 |
| 三月、七月、十一月 | 可以为南门 | 毋西徙 |
| 四月、八月、十二月 | 可以为西门 | 毋南徙 |

"毋×徙"的顺序，是"东北西南"的右行方式，与《淮南子·天文》记载的"太岁所在"及孔家坡汉简的"大时右行间二"的运行是一致的。其占断也与"迎者辱，背者强，左者衰，右者昌"是吻合的。如"正月、五月、九月"这三个月"太岁在东"，所以"毋东徙"。其他月份可以类推得之。至于290号简的"春为南门，夏为西门，秋为北门，冬为东门"，当是依据五行相生的理论。按照五行与四季、方位的搭配，春三月东方属木，夏三月南方属火，季夏中央属土，秋三月西方属金，冬三月北方属水。五行相生，则是木生火，故"春为南门"；"夏为西门"，则是夏该火、土，土生金，故曰"夏为西门"；其他可依次类推。

## 二、古书中的一些例子

通过上文论述可知，"岁"分两种，一种是大岁，或称咸池，每四个月运行一周。一种是小岁，每十二个月运行一周。上文举了一些出土"日书"中的例子。其实在古书还有大量有关"岁"的宜忌的记载。

古书里有关武王伐纣的记载中，有几处提到与"岁"有关，如：

> 《淮南子·兵略》：武王伐纣，东面而迎岁。至汜而水，至共头而坠，彗星出而授殷人其柄。当战之时，十日乱于上，风雨击于中，然而前无蹈难之赏，而后无遁北之刑，白刃不毕拔而天下得矣。

类似的记载也见于《荀子·儒效》：

> 武王之诛纣也，行之日以兵忌，东面而迎太岁。至汜而泛，至怀而坏，至共头而山隧（坠）。霍叔惧曰："出三日而五灾至，无乃不可乎？"周公曰："刳比干而囚箕子，飞廉、恶来知政，夫又恶有不可焉！"遂选马而进，朝食于戚，暮宿于百泉，厌旦于牧之野，鼓之而纣卒易乡（向），遂乘殷人而诛纣。

上面两段文字中的"迎"即"向"的意思。胡文辉指出，其中的"岁"指的是小岁，与《淮南子·天文》说的"小岁""不可迎也，而可背也，不可左也，而可右也"的特征是吻合的。武王自西向东以伐纣，太岁在东方，故曰"东面而迎岁"。"迎岁"虽是凶兆，但如《荀子·儒略》中周公所说"（纣）刳比干而囚箕子，飞廉、恶来知政，夫又恶有不可焉！"所以武王才取得了胜利。

《史记·秦始皇本纪》记载，始皇三十六年"始皇卜之，卦得游徙吉。迁北河榆中三万家，拜爵一级"。王子今就指出，其时在秋季，且北河榆中正当咸阳正北，可知其占卜系统与秦简《日书》属同一系统。且王先生根据睡虎地秦简《徙》"正月、五月、九月，北徙大吉"，认为秦始皇"迁北河榆中三万家"当在九月。

> 《越绝书·外传记军气第十五》：右子胥相气取敌大数，其法如是。军无气，算于庙堂，以知强弱。一、五、九，西向吉，东向败亡，无东；二、六、十，南向吉，北向败亡，无北；三、七、十一，东向吉，西向败亡，无西；四、八、十二，北向吉，南向败亡，无南。此其用兵月日数，吉凶所避也。举兵无击太岁上物，卯也。始出各利，以其四时制日，是之谓也。

"一、五、九，西向吉，东向败亡""二、六、十，南向吉，北向败亡"等中的数字,一般认为指的是月份,其吉凶的占断,也是依据的太岁的游徙。

以上可以看出,与"岁"有关的数术不仅用与社会日常,也与古代的军事密切相关。《汉书·艺文志》中把"兵书略"分为四小类:兵权谋、兵形势、兵阴阳、兵技巧。"兵形势"中所著录"十六家,二百四十九篇"皆佚失无存。后总结说:"阴阳者,顺时而发,推刑德,随斗击,因五胜,假鬼神而为助者也。"如上引《淮南子》《越绝书》的例子。张家山汉简有《盖庐》一书,实为一篇,盖古书多"单篇别行",亦可称为一书。其即以盖庐与申胥对话的形式写成。盖庐即吴王阖闾,申胥即伍子胥。全书共分九章,内容是讲"循天之则""行地之德",按照四时五行、阴阳向背来行军用兵。其中也有斗击、五行的论述。此书从内容看完全符合《汉书·艺文志》对兵阴阳类的定义。李零曾说"(兵)阴阳类,要从数术入手",并针对《汉书·艺文志》对阴阳类的定义说,"什么是'推刑德',可看马王堆帛书的《刑德》;什么是'因五胜',可看虎溪山汉简的《阎氏五胜》。什么是'随斗击',可看上面说的张家山汉简《盖庐》。"(李零 2004)

# 十、十二月宿位

## 【释文】

　　䣁层朔于䂊,[1]夏夽恚(奎),[2]享月胃,夏层罼(毕)。八月东井,九月遛(柳),十月□,□□□,献马房,冬夽心□ 78

　　□□□□之日,乙罿(星)□□[3] 79

　　□□恚(奎),丙□□才(在)䂊□ 80[4]

## 【注释】

　　[1] 䣁层,夏历的正月。䂊,营室的合文。朔,合朔,指日月运行处于同宫同度,一般指每月的初一。

　　[2] 夏夽,夏历的二月。恚,读为奎,即奎宿,二十八宿西方七宿第一宿。下文的胃、毕、东井、柳、房、心等皆宿名。"夏夽"及下文"八月""九

月"等，皆楚月名，参《建除》的延伸阅读部分。

　　[3] 曡，《说文·晶部》以"曡"为正篆，"星"为其古文写法。

　　[4]《九店楚简》一书指出 79、80 两简可能是一简之折，缀联后相应的释文为"乙曡（星）在□悫（奎）"。由于简文残泐过甚，简文文意尚不清楚。

## 【译文】

　　酓层之月日月合朔于营室，夏栾于奎宿，享月于胃宿，夏层于毕宿。八月于东井，九月于柳宿，十月于【张宿】，【夐月于角宿】，献马于房宿，冬栾于心宿。78

## 【延展阅读】

### 二十八宿与吉凶占断

　　为了方便讨论，先简单列一下二十八宿。中国古代天文学上，把黄道或天球赤道（地球赤道延伸到天上）所分布的一圈星宿，分为二十八个星座，即二十八宿，按照方位又可以分为四组。按照《淮南子·天文》高诱注，即：

　　　　东方七宿：角、亢、氐、房、心、尾、箕。
　　　　北方七宿：斗、牛、女、虚、危、室、壁。
　　　　西方七宿：奎、娄、胃、昴、毕、觜、参。
　　　　南方七宿：井、鬼、柳、星、张、翼、轸。

有些星宿或有异称及不同用字，如牛或称牵牛，井或称东井，鬼或称舆鬼，星或称七星，但并不妨碍后世的理解。

　　中国古代天文学家用 28 颗恒星（28 宿的距星）把周天分成 28 个地带，太阳从中穿行，一年运行一周，由此可以推算出每月太阳经行的星宿，即古书说的"日躔"。每月太阳所经行的相应的星宿，下图是周家台秦简

《日书》《系行》中的相关简文：

> 八月，角、亢。
>
> 九月，抵（氐）、房。
>
> 十月，心、尾、箕。
>
> 十一月，斗、牵牛。
>
> 十二月，婺女、虚、危。
>
> 正月，营室、东辟（壁）。
>
> 二月，奎、娄。
>
> 三月，胃、卯（昴）。
>
> 四月，毕、此（觜）觿、参。
>
> 五月，东井、【舆】鬼。
>
> 六月，柳、七星。
>
> 七月，张、翼、轸。

古书中也有类似的记载，此不赘引。这里要讨论的"畣扅朔于瑩"等即与此有关。

李家浩已指出，78 号简的内容与《淮南子·天文》里标题为《星》的一节相似：

> 星，正月建营室，二月建奎、娄，三月建胃，四月建毕，五月建东井，六月建张，七月建翼，八月建亢，九月建房，十月建尾，十一月建牵牛，十二月建虚。

并指出睡虎地秦简《日书》甲种《除》第一简，记的就是十二月所躔之宿，与其后的楚除十二直所值十二辰相配，并因此认为 78 号简与之类似，可能也是附在《建除》《丛辰》之后的。

刘乐贤曾指出,睡虎地秦简《日书》甲种《玄戈》篇中,每一个月后所跟的第一个星宿名,与上表每月所躔之宿是很一致的。下面是《玄戈》正月、二月的相关文字,其他月份从略,玄戈为原有题名。

玄戈

正月,营室,心大凶,张、翼致死,危、营室大吉,毕、此(觜)雟少(小)吉,招(招)榣(摇)毄(击)辰,玄戈毄(击)翼。50 壹

二月,奎、抵(氐)、房大凶,七星致死,须女、虚大吉,胃、参少(小)吉,招(招)榣(摇)毄(击)卯,玄戈毄(击)张。51 壹

与《玄戈》类似,每月与星宿配合的记载,也见于孔家坡汉简《星官》,题名为整理者所拟,以文字较为完整的正月、二月为例。

正月营室,利祠。不可 为 室 及入之。以取(娶)妻,不宁。司定。以生子,为大吏。61

二月奎,利祠祀及行,吉。以取(娶)妻,妻爱而口臭。司寇。以生子,为吏。不可穿井。63

将上面提到的几种月与星宿的搭配列于下表:

| | 十一月 | 十二月 | 正月 | 二月 | 三月 | 四月 | 五月 | 六月 | 七月 | 八月 | 九月 | 十月 |
|---|---|---|---|---|---|---|---|---|---|---|---|---|
| 楚月名 | 屈栾 | 远栾 | 劏屇 | 夏屇 | 享月 | 夏栾 | 八月 | 九月 | 十月 | 夐月 | 献马 | 冬栾 |
| 九店楚简 | | | 营室 | 奎 | 胃 | 毕 | 东井 | 柳 | | | 房 | 心 |
| 睡虎地秦简 | 斗 | 须 | 营室 | 奎 | 胃 | 毕 | 东井 | 柳 | 张 | 角 | 氐 | 心 |
| 孔家坡汉简 | 斗 | 婺女 | 营室 | 奎 | | 毕 | 东井 | 柳 | | | | |

从上表可以看出,每个月的星宿搭配是基本是一致的。只有九店楚简九月对应的是"房",与秦简虽不同,但却同于下文提到的《吕氏春秋》。其中学者们对秦简的《玄戈》研究得较多。经过往复讨论,一般认为,秦简中每月所对应的星宿是当时实际天象的记录。

与《玄戈》对照的还有《吕氏春秋》十二纪中"日在某星"的记载,可以列表如下:

| 正月 | 二月 | 三月 | 四月 | 五月 | 六月 | 七月 | 八月 | 九月 | 十月 | 十一月 | 十二月 |
|------|------|------|------|------|------|------|------|------|------|--------|--------|
| 室内 | 奎 | 胃 | 毕 | 井 | 柳 | 翼 | 角 | 房 | 尾 | 斗 | 女 |

其中只有七、九、十这三个月所记录的翼、房、尾与《玄戈》的张、氐、心不同,罗见今指出前者都是比后者靠前的一个星座,从天文观测的角度,都算是正常的结果(罗见今 2015)。

上文说的月份与星宿的搭配不仅可以推算历法,也可以用于占断吉凶。《汉书·艺文志》说:"天文者,序二十八宿,步五星日月,以纪吉凶之象,圣王所以参政也。"在《日书》中还有类似以星宿来占断吉凶的,与上引睡虎地秦简《日书》甲种《玄戈》类似的还有睡虎地秦简《日书》乙种的《官》,都是标明月份的。与之不同的还有不带月份的,如睡虎地秦简《日书》甲种的《星》:

　　星

　　角,利祠及行,吉。不可盖屋。取妻,妻妬。生子,为〔吏〕。

68壹

　　亢,祠、为门、行,吉。可入货。生子,必有爵。69壹

　　牴(氐),祠及行、出入货,吉。取妻,妻贫。生子,巧。70壹

　　房,取妇、家(嫁)女、出入货及祠,吉。可为室屋,生子,富。

71壹

内容比较多,其下从略。上文已言月份与星宿的对应关系,所以通过这些星宿也可以推算相应的时间。孔家坡汉简《星》,则是既标示月份,又以每月所对应的星宿来加以占断,如正月、二月的部分:

正月营室,利祠。不可 为 室 及入之。以取(娶)妻,不宁。司定。以生子,为大吏。61

东辟(壁),不可行,百事凶。司不(府)。以生子,不完。不可为它事。62

二月奎,利祠祀及行,吉。以取(娶)妻,妻爱而口臭。司寇。以生子,为吏,不可穿井。63

娄,利 以 祠 祀 及 行,百 事 吉。以取(娶)妻,妻爱。可筑室。司瘳。64

有学者也指出九店楚简的《十二宿位》,以及睡虎地秦简的《玄戈》《星》中的二十八宿是用来记日的。如刘乐贤就引《医心方》中的几条材料,如下一条:

《产经》云:《湛涂经》曰:正月朔一日营室,二月朔一日奎,三月朔一日胃,四月朔一日毕,五月朔一日井,六月朔一日柳,七月朔一日翼,八月朔一日角,九月朔一日氐,十月朔一日心,十一月朔一日斗,十二月朔一日女。

右件十二月各从月朔起数,至月尽卅日止,视其日数则命月宿。假令正月七日所生人者,正月一日为室,二日为壁,三日为奎,四日为娄,五日为胃,六日为昴,七日为毕,正月七日月宿在毕星也。又假令六月三日所生儿者,六月朔一日为柳,二日为星,三日为张,张即是其宿夜。他皆放此(刘乐贤 2003)。

其中第一段所述各月朔的星宿，与九店楚简、睡虎地秦简《玄戈》是一致的。后一段则是举正月七日、六月三日所生子为例，来说明如何来推算星宿的。并由此上推论九店秦简、睡虎地秦简《玄戈》等的星宿也是来记日的。

正是星宿与方位、时间有对应关系，所以星宿又见于各类式图、式盘等。下面是周家台秦简《系行》中的图：

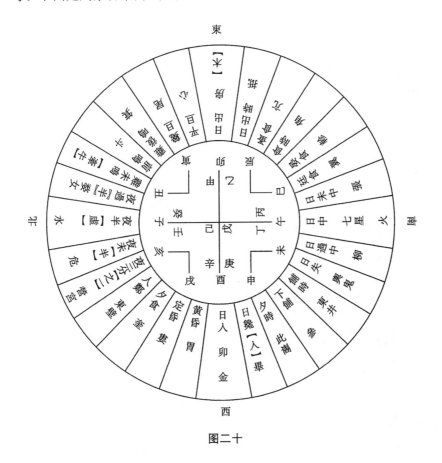

图二十

在这个图里，二十八宿不仅可以与方位、月份对应，还与二十八时对应，如角为食时，亢为蚤（早）时，并且有相应的占文，二者的占文如下：

角：斗乘角，门有客，所言者急事也。狱讼，不吉。约结，成。逐

盗、追亡人,得。占病者,已。占行者,未发。占来者,187 未至。占
【市旅】者,不吉。占物,黄、白。战斫斗、不合。188

　　〖亢〗：斗乘亢,门有客,所言者行事也,请谒事也,不成。占狱
讼,不吉。占约结,不成。占逐盗,追亡人,189 得之。占病者,笃。
占行者,不发。占来者,不至。占市旅,不吉。占物,青、赤。占战斗,
不合,・不得。190

这些与二十八宿对应的二十八时,一般认为可能只是出于数术的需要,而
不能视为当时通行的计时制度。

# 十一、往　　亡

## 【释文】

　　☑一日,夏栾内(人)月八日,[1]八月☑ 81

　　☑□六日,九月内(人)月□□ 82

　　☑内(人)月旬,[2]臭(爨)月内(人)月☑ 83

　　☑冬栾内(人)☑ 84

　　☑月旬,屈栾内(人)月二旬,[3]远栾内(人)☑ 85

　　☑旬。凡☑ 86

　　☑往,亡;归,死。畠屁☑ 87

## 【注释】

　　[1] 夏栾,夏历四月。入月八日,指进入该月的第八日。

　　[2] 月旬,指这个月的"旬",睡虎地秦简《日书》十月的往亡日是十日。
后面的臭(爨)月指夏历的八月,所以前面的"月旬"对应的是七月的往亡日。

　　[3] 屈栾,指夏历的十一月。二旬,对应秦简《日书》十一月的往亡日
是二十日。

## 【译文】

……夏栾(四月)的往亡日是八日,八月……81

……六日,九月的第……82

……七月的往亡日是十日,八月是第……83

……十月是……84

……是十日,十一月的往亡日是二十日,十二月是……85

……旬。凡……86

……出行,亡;归来,死。酓层……87

## 【延展阅读】

### 朔往亡与气往亡

"往亡"指不宜出行、行师的日子。睡虎地秦简《日书》甲种有比较完整的往亡日的记载,原无题名:

《行忌(一)》:正月七日、·二月十四日、·三月廿一日、·四月八日、·五月十六日、·六月廿四日、·七月九日、·八月十八日、·九月廿七日、·十月十日、·十一月廿日、·十二月卅日,凡 107 背/60 反是日在行不可以归,在室不可以行,是＝大凶。108 背/59 反

《归行》:入正月七日,入二月〖十〗四日,入三月廿一日,入四月八日,入五月十六日,入六月廿四日,入七月九日,入八月九〖十八〗日,入九月廿七日,入十月十日,入十一月廿日,入十二月卅日,凡此日以归,死;行,亡。133

在睡虎地秦简《日书》乙种也有相同的内容:

亡日

正月七日,二月旬〖四日〗,三月〖二〗旬一日,四月八日,五月旬六

日,六月二旬【四日】,七月九日,八月旬八日,九月二旬七日,十月旬,十一月【二】旬,十二月二〈三〉旬,149 凡以此往亡必得,不得必死。150

亡者

正月七日,二月旬四日,三月二日〈旬〉一日,四月八日,五月旬六日,六月二旬四日,七月九日,八月【旬】八日,九月二旬七日☐ 151 二旬,凡是往【亡】【必得】,【不】得必死。152

上面乙种的二组其原有的标题名虽为"亡日""亡者",但其中的"凡以此往亡"云云皆相同,"往亡"可能即后世将此类内容称为"往亡日"的来源。孔家坡汉简也有一篇相同的内容,题名与睡虎地秦简《日书》乙种的《亡日》是一致的,此不赘引。对比上面秦汉简的材料,可以看出,其规律是比较清楚的。日期的计算方法,是从入月也就是从朔日数起,春三月是七及七的倍数,夏三月是八及八的倍数,秋三月是九及九的倍数,冬三月是十及十的倍数,可列表如下:

| 正月：7 日 | 四月：8 日 | 七月：9 日 | 十月：10 日 |
|---|---|---|---|
| 二月：7×2＝14 日 | 五月：8×2＝16 日 | 八月：9×2＝18 日 | 十一月：10×2＝20 日 |
| 三月：7×3＝21 日 | 六月：8×3＝24 日 | 九月：9×3＝27 日 | 十二月：10×3＝30 日 |

按照这个规律,九店楚简中的"往亡"即81—87号简可以拟补为:

【醤层入月七日,夏层入月旬四日,享月入月二旬】一日,夏栾内(入)月八日,八月 81【入月旬】六日,九月内(入)月 82【二旬四日,十月】内(入)月旬〈九日〉,臾(曩)月内(入)月 83【旬八日,献马入月二旬七日】,冬栾内(入)84 月,屈栾内(入)月二旬,远栾内(入)85【月三】旬。凡 86 ☐往,亡;归,死。醤层☐ 87

有意思的是,在孔家坡汉简里,有一篇内容题名为《始种》:

正月七日,二月十四日,三月廿一日,四月八日,五月十六日,六月廿四日,七月九日,八月十八日,〖九月廿七日〗,十月七〈十〉日,十一月廿日,十二月卅,以种,一人弗食也。452

其日期的计算方法与上面的楚简、秦简是一致的。似也说明,这种计算日期的方法,在汉代不光用于出行、归往的占断,还可用于其他方面。

上述楚简、秦简、汉简的材料,其计算日期的方法,都是从入月亦即朔日算起,因此后世称之为"朔往亡"。这种"往亡日"一直保存在敦煌具注日历及后世各种历书里,甚至一些兵家类著作里,如《虎钤经》卷十一:

一说云,天门日亦谓之往亡,不可出军:正月初七日,二月十四日,三月二十一日,四月八日,五月十六日,六月二十四日,七月九日,八月十八日,九月二十七日,十月十四日,十一月二十一日,十二月三十。若有急难,择时吉辰而动,不用此日可也。

而在敦煌具注历日里,还有另外一种日期计算的"往亡",是以"节气"为起点,以 7、8、9、10 天为周期分布,如《宋雍熙三年丙午岁(986 年)具注历日并序》首尾比较完整,可以列表如下:

| 节　气 | 往　亡 | 节　气 | 往　亡 |
|---|---|---|---|
| 正月十九日戊子惊蛰 | 二月三日辛丑 | 四月廿二日庚申芒种 | 五月八日乙亥 |
| 二月廿一日己未清明 | 三月十一日己卯 | 五月廿三日庚寅小暑 | 六月十七日癸丑 |
| 三月廿一日己丑立夏 | 三月廿八日丙申 | 六月廿五日辛酉立秋 | 七月三日己巳 |

续　表

| 节　气 | 往　亡 | 节　气 | 往　亡 |
|---|---|---|---|
| 七月廿五日辛卯白露 | 八月十二日戊申 | 十月廿七日壬戌大雪 | 十一月十七日辛巳 |
| 八月廿六日壬戌寒露 | 九月廿三日五子 | 十一月廿九日癸亥小寒 | 十二月廿九日壬戌 |
| 九月廿七日壬辰立冬 | 十月六日辛丑 | 十二月卅日癸亥立春 | |

需要说明的是，表中"十二月卅日癸亥立春"，其对应的"往亡"日已在次年正月六日，所以本年历谱没有标注。这种往亡日的计算方法可以列表如下：

| 立春：7日 | 立夏：8日 | 立秋：9日 | 立冬：10日 |
|---|---|---|---|
| 惊蛰：$7 \times 2 = 14$日 | 芒种：$8 \times 2 = 16$日 | 白露：$9 \times 2 = 18$日 | 大雪：$10 \times 2 = 20$日 |
| 清明：$7 \times 3 = 21$日 | 小暑：$8 \times 3 = 24$日 | 寒露：$9 \times 3 = 27$日 | 小寒：$10 \times 3 = 30$日 |

这样的记载也见于后世的文献，如《协纪辨方书》卷六"气往亡"条：

> 气往亡者，立春后七日，惊蛰后十四日，清明后二十一日，立夏后八日，芒种后十六日，小暑后二十四日，立秋后九日，白露后十八日，寒露后二十七日，立冬后十日，大雪后二十日，小寒后三十日。皆自交节日数之。

上引文末的"皆自交节日数之"，也就是从节气的次日算起。还有一种算法，是从节气当天算起，如张岱《夜航船》卷一天文部"大往亡"：

> 立春后六日，惊蛰后十三日，清明后二十日，立夏后七日，芒种后

十五日,小暑后二十三日,立秋后八日,白露后十七日,寒露后二十三日,立冬后九日,大雪后十九日,小寒后二十六日,谓"往亡"。

这样也符合以"节气"为起点,以 7、8、9、10 天为周期分布,因此其中"小寒后二十六日",可能是"二十九日"之误。

以上说的两种"往亡"日的计算方法是一样的,只是其计算的起点不同。其原理可能与五行之数有关,《协纪辨方书》里有详细的说明,其卷六"气往亡"条说:

> 今以四时五行之序推之,则固自然之数也。盖一二三四五,五行之生数也;六七八九十,五行之成数也。一六为水,水即气也,气以终而复始,往而不亡者也。火、木、金、土则有质矣,其气乃有时而尽。而二三四五为生数,至而伸者也,七八九十为成数,返而归者也。故七八九十为往亡日,而以四时之序配之,立春七、立夏八、立秋九、立冬十。

当然,以上只是后世的解说。解说中"往亡"的词义是很重要的根据,但在上举的秦汉出土《日书》中的内容,都无以"往亡"为题名的,孔家坡汉简日书有标题为"始种"的内容,其原理到底为何,尚需进一步的研究。

除上面两种不同的"往亡"计算方法外,在后世的选择类文献中还有一种是按照地支日来计算的,清代编修的《星历考原》卷四说:

> 《堪舆经》曰:往者去也,亡者无也,其日忌拜官、上任、远行、归家、出军征讨、嫁娶、寻医。《历例》曰:往亡者,正月在寅,二月在巳,三月在申,四月在亥,五月在卯,六月在午,七月在酉,八月在子,九月在辰,十月在未,十一月在戌,十二月在丑。……

刘乐贤认为,后者本是一个关涉兴攻动土的忌日,与出行打仗的"往亡"没有关系。

有关"往亡"的宜忌,历史上应该有一定广泛性,如《后汉书·郭躬传》:"有陈伯子者,出辟往亡,入辟归忌是也。"王充在《论衡·辨祟》曾批评各种有关择日的现象,"孔子:'死生有命,富贵在天。'苟有时日,诚有祸祟,圣人何惜不言?何畏不说?案古图籍,仕者安危,千君万臣,其得失吉凶,官位高下,位禄降升,各有差品。家人治产,贫富息耗,寿命长短,各有远近。非高大尊贵举事以吉日,下小卑贱以凶时也。以此论之,则亦知祸福死生不在遭逢吉祥、触犯凶忌也。"还批评反驳说:"涂上之暴尸,未必出以往亡;室中之殡枢,未必还以归忌。"但二书并无详细的日期计算的说明,出土简牍资料可以作为补充。

《太平御览》卷三百二十六引《三十六国春秋》曰:

> 丁亥,中军刘裕悉众攻燕,众咸谏曰:"今往亡日,兵家所忌。"裕曰:"我往彼亡,吉孰大焉。"乃命悉登,遂克之。燕王慕容超走,追获焉。裕责以不降之罪,超神色自若,无余言,惟以母托刘敬宣而已。萧方等曰:"美哉,其言也。言必己亲,终不忘孝,可谓人之将死,其言也善,信乎!"

同样的记载也见于《资治通鉴》卷一一五,其中"丁亥"为晋安帝义熙六年(410年)二月初五日,朔日为癸未,根据胡三省的注,这里用的也是"气往亡"的计算法。完整的二十四节气名称,最早见于《淮南子·天文》,因此有学者指出将二十四节气纳于历法当在西汉太初以后。根据传世的材料可知,唐宋之后"气往亡"逐渐成为主流,而"朔往亡"反而不为人所知了。

# 十二、移　　徙

## 【释文】

酭层、[1]夏层、【亯月,春不可以东徙】☑ 88

☑【夏栾、八月、九月】,□不可以南【徙】☑ 89

☑【十月】、臱(爨)月、献马,秋不可以西遟(徙)☑ 90

☑【冬】栾、屈栾、远栾,不可以北遟(徙)☑ 91

☑不可以西南行☑ 92

☑□□以西北行☑ 93

## 【注释】

[1] 詣层,夏历的正月。詣层、夏层、享用,正好是春季的三个月。

## 【译文】

詣层、夏层、【享月,春季不可以向东迁徙。】88

【夏栾、八月、九月】,□不可以向南【迁徙。】89

【十月】、臱(爨)月、献马,秋季不可向西迁徙。90

【冬】栾、屈栾、远栾,不可以向北迁徙。91

不可向西南方行。92

……向西北方行。93

## 【延展阅读】

### 移徙与大时、小时

这一组,晏昌贵分为两组,88—91 为"徙",92—93 为"归行"。

这段文字可以与睡虎地秦简《日书》甲种《归行》对照:

归行

凡春三月己丑不可东,夏三月戊辰不可南,秋三月己未不可西,
冬三月戊戌不可北。百中大凶,二百里外必死。岁忌。131

> 毋以辛壬东南行，日之门也。毋以癸甲西南行，月之门也。毋以
> 乙丙西北行，星之门也。毋以丁庚东北行，辰之门也。・凡四门之
> 日，行之敚也，以行不吉。132

对比可知，九店楚简的 92、93 号简确实在文字上有与之接近的地方。只是由于简文残缺得厉害，姑将此 92、93 号简放于此组。

《论衡・辨祟》："世俗信祸祟，以为人之疾病死亡，及更患被罪、戮辱欢笑，皆有所犯。起功、移徙、祭祀、丧葬、行作、入官、嫁娶、不择吉日，不避岁月，触鬼逢神，忌时相害，故发病生祸，絓法入罪，至于死亡，殚家灭门，皆不重慎，犯触忌讳之所致也。"文中提到起功、移徙等正是出土《日书》类文献中常见的内容。四季与移徙方向的配合，与秦汉时的《日书》也是一致的。如上引到的睡虎地秦简《日书》甲种《归行》131："凡春三月己丑不可东，夏三月戊辰不可南，秋三月己未不可西，冬三月戊戌不可北。"这种四季与方位宜忌的配合，或认为与五行有关；或认为与太岁的游徙有关，《论衡・难岁》："《移徙法》曰：徙抵他虽凶，负太岁亦凶。"前文已论及，太岁按季节游徙于四方，九店楚简《太岁》：

> 【大】（太）岁：十月、屈栾、高（享）月才（在）西；夐（爨）月、远栾、
> 夏栾才（在）北，献马、罶层、八月才（在）东，冬栾、夏层、【九月才（在）
> 南】77

其特点是"迎者辱，背者强，左者衰，右者昌"，春三月太岁在东，"迎者辱"，所以"不可以东徙"。其他三个季节可依次类推。前文《太岁》部分已言，根据《淮南子・天文》等来看，"太岁"有两种，或称为"大岁""小岁"，在出土文献中又称为"小时""大时"。

孔家坡汉简《时》：

时

正月，小时居寅，大时居卯，不可东徙。111 壹

二月，小时居卯，大时居子，不可北徙。112 壹

三月，小时居辰，大时居酉，不可东〈西〉徙。113 壹

四月，大时、小时并居南方，不可南徙。114 壹

五月，小时居午，大时居卯，不可东南徙。115 壹

【六月，小时居未，大时居子，不可……徙。】116 壹

【七月，小时、大时并居西方，不可西徙。】117 壹

【八月，小时居酉，大时居午，不可西南徙。】118 壹

【九月，小时居戌，大时居卯，不可……徙。】119 壹

【十月，小时、大时并居北方，不可北徙。】120 壹

【十一月，小时居子，大时居酉，不可西北徙。】121 壹

【十二月，小时居丑，大时居午，不可……徙。】122 壹

以上只有五简的文字较为完整，116 壹—122 壹断残厉害，依据的是刘国胜的拟补。《随州孔家坡汉墓简牍》根据《淮南子·天文》的记载，解释说："小时正月建寅，斗柄从寅开始左旋，经卯、辰、巳、午、未、申、酉、戌、亥、子、丑，复至于寅，月徙一辰。大时正月建卯，太岁（咸池）从卯开始右行，经子、酉、午，复至于卯，月徙一仲。"即"小时"则每月运行一辰，十二个月运行一周。"大时"每月运行一仲，四个月运行一周。

孔家坡汉简《徙》：

徙

夏六月，咸池以辛酉徙西方。居四旬五日以丙午徙 111 贰南方。居九日以乙卯徙东方。居五旬七日以壬子徙北方。112 贰居九日，有（又）以辛……113 贰大时右行间二，小时左行毋数，正月建寅左行。建 114 贰所当为冲日，辛冲前为飘，后为败。是日毋可有为也。115 贰

《随州孔家坡汉墓简牍》解释说："咸池自六月辛酉徙西方始,至丙午徙南方,乙卯徙东方,壬子徙北方,复至辛酉徙西方,共用时一百二十天,正合'时'篇所记'大时'行徙四仲一周,用时四个月。在式图上,酉、午、卯、子正位于西、南、东、北四方。简文所记咸池在每仲的居留时间有长有短,并不完全一致。"

出土的汉代文献里还有一些对"大时""小时"的记载,如马王堆帛书《杂疗方》:

> 禹臧(藏)埋包(胞)图法:埋包(胞)避小时,大时所在,以产月,视数多者埋包(胞)□。

马王堆帛书中还有《胎产书》,其中附有一幅"南方禹臧(藏)图",上引《杂疗方》的一段可以看作"南方禹臧(藏)图"的说明。一般认为,"南方禹臧(藏)图"实即一种生育巫术,因为当时人们相信埋胞的方位会决定婴儿的命运,所以必须按照这个图来埋。其方位占断的依据即上面提到的大时、小时。

九店楚简的移徙是按照"岁"即"小时"来占测的,春三月"岁"在东方,故曰"不可以东徙"。睡虎地秦简《日书》甲种《徙死》:

> 以甲子、寅、辰东徙,死。丙子、寅、辰南徙,死。庚子、寅、辰西徙,死。壬子、寅、辰北徙,死。126背/41反

按照四方与天干的搭配,甲、丙、庚、壬,恰好对应东南西北四个方位,故曰"以甲子、寅、辰东徙,死"等。

以上有关移徙都是按照岁的"小时"来占断的。在"日书"类文献中还有以"大时"或"咸池"来占断的,如睡虎地秦简《日书》甲种的《徙》,引文见上文《太岁》部分。

以上是专门记载有关"移徙"的日书占断文字。在日书中还有很多零

碎的有关移徙的内容，如九店楚简的《建除》有"徙家"：

> 凡宭日，利以取（娶）妻、内（入）人、屚（徙）豪（家）室。 17 贰

在秦简中还有多例"徙官"，如睡虎地秦简《日书》甲种《稷辰》：

> 秀，是胃（谓）重光，利野战，必得侯王。以生子，既美且长，有贤
> 等。利见人及畜畜生。可取妇、家（嫁）女、寻衣常（裳）。利祠、饮食、
> 歌乐，临官立（莅）正（政）相宜也。 32 利徙官。免，复事，系，亚出。
> 虽雨，齐（霁）。不可复（覆）室盖屋。正月以朔，旱，岁善，有兵。 33

无论是"徙家"还是"徙官"，大概都可以包括在"徙"之内。需要注意的是，上文所引孔家坡汉简内容，虽题名为"徙"，但其主要是讲大时、小时的移徙，与《日书》中一般所说的徙家、徙官不同。但《徙》篇的末尾说"十日毋可有为也"，也是以其前面所交代的大时、小时的移徙为占断依据的。

# 十三、裁　衣

## 【释文】
　　□□于人，丁亥又（有）羸（灵），[1]丁巳终其身，[2]亡□□ 94
　　□□□□□申、己未、壬申以折（制），必以内（入）□ 95

## 【注释】
　　[1] 灵，福；或解释为灵验。
　　[2] 终，读为衷，有善的意思。对比睡虎地秦简《日书》甲种《裁衣》"入十月十日乙酉、十一月丁酉材（裁）衣，终身衣丝"，"终其身"大概就是一般说的"终身"之意，简文所说"丁巳（裁衣），终身会无……"，辞例可对照《战国策·秦策三》"终其年而不夭伤"。

## 【译文】

……于人。丁亥会有福或有灵验,丁巳会终身无……94

……申、己未、壬申来缝制衣服,必然会入……95

## 【延展阅读】

### 裁衣宜忌

这种占卜裁衣宜忌的文字,在出土秦汉简牍里多见。与九店楚简文字内容比较接近的是如睡虎地秦简《日书》甲种《衣》:

装(制)衣,丁丑媚人,丁亥灵,丁巳安于身,癸酉多衣。毋以楚九月己未台(始)被新衣,衣手□必死。26 贰

与之类似的,在秦汉简里也有"衣良日""裁衣良日""衣忌""衣忌日""制衣良日"之类的条目或内容:

睡虎地秦简《日书》甲种《衣良日》:衣良日,丁丑、丁巳、丁未、丁亥、辛未、辛巳、辛丑、乙丑、乙酉、乙巳、辛巳、癸巳、辛丑、癸酉。·乙丑、巳、酉,辛巳、丑、酉,丁巳、丑,吉。丁丑材(裁)113 背/54 反衣,媚人。·入十月十日乙酉、十一月丁酉材(裁)衣,终身衣丝。十月丁酉材(裁)衣,不卒岁必衣丝。114 背/53 反

衣忌,癸亥、戊申、己未、壬申、丁亥,癸丑、寅、申、亥,戊、巳、癸、甲,己卯、辛卯、癸卯,丁、戊、己、申。六月己未,不可以禘新衣,必死。115 背/52 反己、戊、壬、癸,丙申、丁亥,必鼠(予)死者。癸丑、寅、申、亥,秋丙、庚、辛材(裁)衣,必入之。116/51 反五月六月,不可为复衣。·月不尽五日,不可材(裁)衣。117 背/50 反

睡虎地秦简《日书》甲种《衣》:衣良日,乙丑、巳、酉,辛巳、丑、

酉,吉。丁丑材(裁)衣,媚人。入七月七日乙酉,十一月丁酉材(裁)衣,终身衣丝。十月丁酉 119背/48反 材(裁)衣,不卒岁必衣丝。

　　·衣忌日,己、戊、壬、癸、丙申、丁亥,必鼠(予)死者。癸丑、寅、申、亥,秋丙、庚、辛材(裁)衣,120背/47反 必入之。·五月六月,不可为复衣。·月不尽五日,不可材(裁)衣。丁酉材(裁)衣、衣常(裳),以西有(又)东行,以坐而饮酉(酒),矢 121背/46反 马兵不入于身,身不伤。122背/45反

　　放马滩秦简《日书》甲种《衣》:衣新衣良日:乙丑、丁卯、庚午、辛酉、己巳、壬子。69贰 材(裁)衣良日:丁丑、丁巳、乙巳、己巳、癸酉、乙亥、乙酉、己丑、己卯、辛亥。70贰

　　放马滩秦简《日书》乙种《衣》:·入月十四日、十七日、廿三日,不可裁(制)衣冠、带【剑、乘车马】,□□□□。362壹〖衣新衣良〗【日:乙】丑、丁卯、庚午、辛酉、己巳、壬【子】。372壹 ·材(裁)衣良日:【丁丑、丁巳、乙巳】、己巳、癸酉、乙亥、乙酉、己丑、己卯、辛亥。83壹

　　岳山秦墓木牍《衣》:制衣良日:丙辰、庚辰、辛未、乙酉、甲辰、乙巳、己巳、辛巳,可以制衣,吉。贰Ⅵ 凡衣忌:戊申、己未、壬申、戌、丁亥,勿以制衣、衣。毋以八月、九月丙、辛、癸丑、寅、卯材(裁)衣。贰Ⅴ

　　孔家坡汉简《裁衣》:……以裁衣,必衣丝。入月旬七,不可裁衣,不墦(燔)乃亡。194……及冠必燔亡。八月、九月、癸丑、寅、申、亥,不可裁衣常(裳),以之死。195

除了以上笼统讲"衣"的内容外,还有具体到冠、带之类的,如岳山秦墓木牍,就有《五服忌》:

　　五服忌
　　甲申寇〈冠〉,丙申芊,戊申带,庚申常(裳),壬申屦(屦)。贰Ⅵ1反

以上罗列的简文,都是专门讲裁衣、穿衣宜忌的内容。在其他的《建除》《丛辰》等择日系统里,也有涉及裁衣宜忌的内容。如:

> 九店楚简《建除》:凡盍日,利以折(制)衣棠(裳)、䌽鞻、折(制)布赛(褐)、为门肤(间)。12 贰
>
> 睡虎地秦简《日书》甲种《除》:秀日,利以起大事。大祭,吉,寇〈冠〉、寻车、折衣常(裳)、服带吉。生子吉,弟凶。13 贰
>
> 睡虎地秦简《日书》甲种《稷辰》:秀,是胃(谓)重光,利野战,必得侯王。以生子,既美且长,有贤等。利见人及畜畜生。可取妇、家(嫁)女、寻衣常(裳)。利祠、饮食、歌乐,临官立(莅)正(政)相宜也。32 利徙官。免,复事,系,巫出。虽雨、齐(霁)。不可复(覆)室盖屋。正月以朔,旱,岁善,有兵。33

这种裁衣宜吉,大概在当时的社会习俗中有广泛影响,所以王充在《论衡·讥日》里曾批评说:"裁衣有书,书有吉凶,凶日制衣则有祸,吉日则有福。夫衣与食俱辅人体,食辅其内,衣卫其外。饮食不择日,制衣避忌日,岂以衣为于其身重哉?"

这类占卜裁衣宜忌内容,也常见于后世的选择类书籍,如相传晋代许真君著的《玉匣记》,也有"合帐裁衣吉日"一段占卜文字:

> 甲子,乙丑,戊辰,己巳,癸酉,甲戌,乙亥,丙子,丁丑,己卯,丙戌。丁亥,戊子,己丑,庚寅,壬辰,癸巳,甲午,乙未,丙申,戊戌,庚子。辛丑,癸卯,甲辰,乙巳,癸丑,甲寅,乙卯,丙辰,戊申,辛酉,壬戌。角安慰,亢得食,房蚕衣,斗美味,牛进喜,虚得粮,壁获宝,奎进财,娄增寿,癸吉祥,张逢欢,翼得禄,轸长久。

在敦煌出土的后唐庄宗同光二年(924年,编号 S204)和宋太宗太平兴国

七年(982 年,编号 S1473)具注历中,有如下内容:

> 子日不问卜,丑日不买牛,寅日不祭祀,卯日不穿井,辰日不哭泣,巳日不迎女,午日不盖屋,未日不服药,申日不裁衣,酉日不会客,戌日不养犬,亥日不育猪及不伐(罚)罪人。

这些内容部分保存在后来常见的"彭祖百忌日"中,下面是张岱《夜航船》中收录的"百忌日":

> 甲不开仓,乙不栽植,丙不修灶,丁不剃头,戊不受田,己不破券,庚不经络,辛不合酱,壬不决水,癸不词讼。子不问卜,丑不冠带,寅不祭祀,卯不穿井,辰不哭泣,巳不远行,午不苫盖,未不服药,申不安床,酉不会客,戌不吃狗,亥不嫁娶。

但其中已没有了"裁衣"的占断。需要注意的是,上引具注历"申日不裁衣",《百忌日》"申不安床",在《玉匣记》里则有二者合在一起的"合帐裁衣吉日",或许"百忌日"的"申不安床"也包含了裁衣。这种裁衣宜忌一直存在于后世的社会习俗中,如《金瓶梅词话》第三回"王婆定十件挨光计,西门庆茶房戏金莲",王婆找潘金莲借历日,"(王婆)便取历日递与妇人。妇人接在手内,看了一回,道'明日是破日,后日也不好。直到外后日,方是裁衣日期。'王婆一把手取过历头来,挂在墙上,便道:'若得娘子肯与老身做时,就是一点福星,何用选日!老身也曾央人看来,说明日便是个破日。老身只道裁衣日可用破日,不忌他。'那妇人道:'归寿衣服,正用破日便好。'王婆道:'既是娘子肯作成,老身胆大,只是明日起动娘子到寒家则个。'"

　再说远一点,上文提到的"彭祖百忌日",大概简洁明了之故,明清时在民间比较通行,如张岱《陶庵梦忆》卷五有一篇《范长白》,记其少时与祖父去访问范长白,文中说:"余至,主人出见。主人与大父同籍,以奇丑著。是日释褐,大父嘲之曰:'丑不冠带,范年兄亦冠带了也。'人传以笑。余亟欲一见。及出,状貌果奇,似羊肚石雕一小猱,其鼻垩,颧颐犹残缺失次也。冠履精洁,若谐谑谈笑,面目中不应有此。"因范长白"以奇丑(繁体作醜)著","醜""丑"同音,所以张岱的祖父就用"丑不冠带"来打趣范长白。其中的"丑不冠带"就出自"彭祖百忌日",也可见所谓的"彭祖百忌日"对当时人而言应该是熟知的。

# 十四、生、亡日

## 【释文】

☐☐生含(阴)殇(阳)允,生于丑即,生于寅衰,生于卯央;贞(亡)于辰即,[1]贞(亡)巳衰,贞(亡)于午【央】[2]☐ 96

☐☐☐☐☐。凡贞日☐辰少日必得,日少辰☐☐,哉(岁)之后☐☐其☐不死☐ 97

☐迎贞☐☐ 98

☐女(如)以行,必贞☐又☐。 99

## 【注释】

[1] 贞,又见于郭店楚简《老子》甲组 35—36"名与身孰亲? 身与货孰多? 得与贞孰病? 甚爱必大费,厚藏必多贞","贞"与"得"相对,下从贝,一般认为是指财物之"亡"的专字。在九店楚简中,此字当指与"生"相对的死亡之"亡"。

[2] 从残存的文字看,内容似讲生、亡日的宜忌。或断读为"☐☐生含(阴)殇(阳),允生于丑,即生于寅,衰生于卯;央贞(亡)于辰,即贞(亡)于巳,衰贞(亡)于午【央】"。由于简文残缺厉害,如何断读及理解尚需讨论。

## 十五、竹 简 残 片

**【释文】**

　　☑□十月、爨月丁☑<sup>[1]</sup>100

　　☑□□□□栾己壬。□□不可<sup>[2]</sup>101

　　☑□□□□□丙戌、□己，畜□之<sup>[3]</sup>102

　　☑□□壬□、丁丑、□丙辰、丁亥。103

　　☑紃之日辰丁☑ 104

　　☑壬丑、丁□☑ 105

　　☑□戌、辛☑ 106

　　☑□□戌日□□☑<sup>[4]</sup>107

　　☑□龙日□□□☑<sup>[5]</sup>108

　　☑□常紈一□□啥映二□□☑<sup>[6]</sup>109

　　☑妻，不可以☑ 110

　　☑□皆不吉☑ 111

　　☑南□□西☑<sup>[7]</sup>112

　　☑得北□□□□☑ 113

　　☑□得□☑ 114

　　☑□西□□□□□东☑ 115

　　☑□□□□□□□为日。☑ 116

　　☑□言□☑ 121

　　☑□□于□☑ 122

　　☑薑□☑ 137

　　☑□☑ 142

**【注释】**

　　［1］李家浩指出此简及 102 简可能属《往亡》篇末尾"酓层☐"之后或《移徙》篇简"行四维"的残文。

　　［2］李家浩指出"不可"上二字似是"是日"的残文。

　　［3］李家浩指出"畜"下似是"龙"字。

　　［4］李家浩指出第二个残字似是"凡"。

　　［5］龙日，多见于出土秦汉《日书》中，大概就是"忌日"的意思。

　　［6］絑，赵平安认为当读为"帗"，"帗"为人身所佩，故可置于"常（裳）"后。

　　［7］李家浩认为"南"与"西"之间二字似是"聑言"，当属 69 号残简。缀联后，当释为"☐南聑（闻）言，西【凶】。栖（西），朝启【夕】閡（闭）"。

九店621号墓简册

**【释文】**

智寺终□□□求母□……[1] 1

自出福是从内自悲□□□□□[2]▱ 2

败其□□□□之厕□□□□[3]▱ 3

百□□□□乃亡其訆□□□□□[4]▱ 4

之□□□□之□□□□□▱ 5

容如□□□川□□□□□▱ 6

而少□□□□訆□□之▱ 7

購爭□□之司劳訆□[5]▱ 8

出□娄□□□□▱ 9

思以緹□□天张则▱ 10

不……▱ 11

▱□□□□□不□□□以……▱[6] 12

▱忢(恐)惧□□□□是为□□□□▱[7] 13

▱事又器四放不尒炰窒齐□▱[8] 14

▱少则□之新炰齐▱[9] 15

▱□飤(食)炰迣乲母□齐▱[10] 16

▱□陈炰方内▱ 17

▱可缶□□□□炰□□□□□▱[11] 18

▱安心□司□鹿肠□□□□□□▱[12] 19

▱□□□□□心□□□□□□□▱[13] 20

▱□□□志多□攺之▱ 21

▱□乃多得甬□不□□□……▱[14] 22

☑生于多☐福☐☑ 23

☑☐☐利则自☐☑ [15]24

☑于宗☐☐不☑ 25

☑甬必以☐为☑ [16]26

☑夫郢逃☑ [17]27

☑☐☐之☑ 28

☑石☐☐☑ 29

☑新百☑ 30

☑张☐☑ 31

☑以……☑ 32

☑……以☐☐☑ 33

☑事事安☐。[18]34

☑幽☐☑ 47

☑内☐☐☑ 78

☑凡☐☑ 86

## 【注释】

〔1〕李家浩认为"求母☐"之下也可能无文字。

〔2〕李家浩认为此简文字可能读作"【☐】自出,福是从;内自悲,☐☐☐……""自出"位于简首,其上一字当在另一残缺的简简尾。

〔3〕"厕"下一字,李零释为才。

〔4〕"訵"下一字,李家浩认为当是"甘"或"曰"的残文。

〔5〕仐,此字也见于郭店楚简,即"娩"的初文。"購仐",李零疑读为"励勉"。"劳"字,原文作裳,李家浩指出此字也见于金文,即古文"劳"。

〔6〕"以"上二字,李家浩认为似是"于堇"的残文。萧毅认为"不"下一字似"能","能"下一字或为"代","以"上一字应该是"堇"。

［7］"是"上一字，李家浩指出似是"劓（则）"之残文。

［8］李家浩认为，"劜"当读为"乾（干）"，"炮"可能是"煦"的异体，并指出"窒"也见于楚文字中，当读为"煎"。齐，指多少之量。"齐"下一字，当是"甘"或"曰"的残文。

［9］"新"，李家浩认为可能读为"薪"。

［10］"敜"，右侧残泐，李家浩推测是"教"字。

［11］"缶"，萧毅认为也可能是"古"字。

［12］"安"，或释为"序"，或释为"宦"。"司"下一字，萧毅指出似为"之"。

［13］第一字，萧毅认为或是"蘿"，或是从"蘿"之字。"心"下一字从"我"。

［14］"乃"上一字，李家浩认为似是"逃"字残文，萧毅认为是"欲"字。"甬"下一字，萧毅认为似是"亦"。

［15］"自"下一字，萧毅释为"生"。

［16］"以"下一字。萧毅指出从"火"旁。

［17］"夫"下一字，李家浩认为从古文"殺"得声的字。萧毅引袁国华说，左旁是"枣"的简体。

［18］"事事安□"，李家浩释为"季子女训"，并认为颇似简尾篇题。或认为"事事安□"有可能读为"事事安顺"。

# 参 考 文 献

白军鹏(2014)《秦汉简牍所见日书相关问题的考察》,《简帛研究二〇一三》,广西师范大学出版社,2014 年。

曹锦炎、岳晓峰(2018)《说〈越公其事〉的"旧"——兼说九店楚简"旧"字》,《简帛》第 16 辑,上海古籍出版社,2018 年。

陈剑(2007)《释西周金文的"赣(赣)"字》,氏著《甲骨金文考释论集》,线装书局,2007 年。

陈剑(2011)《孔家坡汉简的"祟"字》,复旦大学出土文献与古文字研究中心网站(http://www.fdgwz.org.cn/),2011 年 11 月 8 日。

陈剑(2013)《上博竹书〈昭王与龚之脽〉和〈柬大王泊旱〉读后记》,氏著《战国竹书论集》,上海古籍出版社,2013 年。

陈斯鹏(2011)《楚系简帛中字形与音义关系研究》,中国社会科学出版社,2011 年。

陈松长(2011)《香港中文大学文物馆藏简牍》,香港中文大学文物馆,2001 年。

陈伟(1998)《九店楚日书校读及其相关问题》,《人文论丛》1998 年卷,武汉大学出版社,1998 年。

陈伟等(2009)《楚地出土战国简册[十四种]》,经济科学出版社,2009 年。

陈伟(2010)《新出楚简研读》,武汉大学出版社,2010 年。

陈伟(2011)《燕说集》,商务印书馆,2011 年。

陈伟主编(2016)《秦简牍合集释文注释修订本》,武汉大学出版社, 2016 年。

程少轩(2018A)《说九店楚简"告武夷"的"桑林"》,《古文字研究》第 32 辑,中华书局,2018 年。

程少轩(2018B)《放马滩简式占古佚书研究》,中西书局,2018 年。

[日]大西克也(2013)《从里耶秦简和秦封泥探讨"泰"字的造字意义》,《简帛》第 8 辑,上海古籍出版社,2013 年。

邓文宽(2002)《敦煌吐鲁番天文历法研究》,甘肃教育出版社,2002 年。

董珊(2010)《楚简簿记与楚国量制研究》,《考古学报》2010 年第 2 期。

顾颉刚(2003)《古史辨自序》,河北教育出版社,2003 年。

关长龙(2019)《敦煌本数术文献辑校》,中华书局,2019 年。

[日]广濑薰雄(2006)《新蔡楚简所谓"赗书"简试析——兼论楚国量制》,《简帛》第 1 辑,上海古籍出版社,2006 年。

[日]工藤元男著,[日]广濑薰雄、曹峰译(2010)《睡虎地秦简所见秦代国家与社会》,上海古籍出版社,2010 年。

郭静云(2013)《战国秦汉出土文献"屄"字通考》,《简帛研究二〇一一》,广西师范大学出版社,2013 年。

何有祖(2012)《九店楚简〈日书〉校读三则》,《江汉考古》2012 年第 3 期。

湖北省荆州市周梁玉桥遗址博物馆(2001)《关沮秦汉墓简牍》,中华书局,2001 年。

湖北省文物考古研究所(1995)《江陵九店东周墓》,科学出版社,1995 年。

湖北省文物考古研究所、北京大学中文系(2000)《九店楚简》,中华书局,2000 年。

湖北省文物考古研究所、随州市考古队(2006)《随州孔家坡汉墓简牍》,文物出版社,2006 年。

湖北省文物考古研究所、随州市曾都区考古队(2017)《湖北随州市周家寨墓地 M8 发掘简报》,《考古》2017 年第 8 期。

胡文辉(2000)《中国早期方术与文献丛考》,中山大学出版社,2000 年。

黄儒宣(2013)《〈日书〉图像研究》,中西书局,2013 年。

黄一农(2018)《制天命而用——星占、术数与中国古代社会》,四川人民出版社,2018 年。

黄展岳(1998)《考古纪原——万物的来历》,四川教育出版社,1998 年。

季旭昇(2014)《说文新证》,艺文印书馆,2014 年。

贾小军、武鑫(2017)《魏晋十六国河西镇墓文、墓券整理研究》,中国社会科学出版社,2017 年。

江陵地区博物馆(1995)《江陵王家台 15 号秦墓》,《文物》1995 年第 1 期。

姜守诚(2016)《出土文献与早期道教》,中国社会科学出版社,2016 年。

李零(1999A)《读九店楚简》,《考古学报》1999 年第 2 期。

李零(1999B)《秦骃祷病玉版的研究》,《国学研究》第 6 卷,北京大学出版社,1999 年。

李零(2000)《中国方术考(修订本)》,东方出版社,2000 年。

李零(2004)《简帛古书与学术源流》,生活·读书·新知三联书店,2004 年。

李零(2008)《视日、日书和叶书——三种文献的区别和定名》,《文物》2008 年第 12 期。

李零(2011A)《兰台万卷:读〈汉书·艺文志〉》,生活·读书·新知三联书店,2011 年。

李零(2011B)《北大汉简中的数术书》,《文物》2011 年第 6 期。

刘瑛(2006)《〈左传〉、〈国语〉方术研究》,人民文学出版社,2006 年。

李家浩(1999A)《睡虎地秦简〈日书〉"楚除"的性质及其它》,《中研院历史语言研究所集刊》第 70 本第 4 分,1999 年。

李家浩(1999B)《读睡虎地秦简〈日书〉"占盗疾等"札记三则》,《北京大学中国古文献研究中心集刊》第 1 辑,北京燕山出版社,1999 年。

李家浩(2001)《秦骃玉版铭文研究》,《北京大学中国古文献研究中心集刊》第 2 辑，北京燕山出版社，2001 年。

李家浩（2003）《包山楚简考释（四篇）》，《古籍整理研究学刊》2003 年第
5 期。

李守奎（2003）《楚文字编》，华东师范大学出版社，2003 年。

李守奎（2015）《古文字与古史考——清华简整理研究》，中西书局，
2015 年。

李天虹（2005）《战国文字"劀""劕"续议》，《出土文献研究》第 7 辑，上海
古籍出版社，2005 年。

李天虹（2012）《秦汉时分纪时制综论》，《考古学报》2012 年第 3 期。

李天虹、华楠、李志芳（2020）《胡家草场汉简〈诘咎〉篇与睡虎地秦简〈日
书·诘〉对读》，《文物》2020 年第 8 期。

李学勤（2003）《荥阳上官皿与安邑下官钟》，《文物》2003 年第 10 期。

李学勤等（2017）《出土简帛与古史再建》，经济科学出版社，2017 年。

李志芳、蒋鲁敬（2020）《湖北荆州市胡家草场西汉墓 M12 出土简牍概
述》，《考古》2020 年第 2 期。

鲁家亮（2014）《放马滩秦简乙种〈日书〉"占雨"类文献编联初探》，《考古
与文物》2014 年第 5 期。

龙国富、李晶（2019）《出土战国楚方言简帛铭文中的度量衡单位词研
究》，《语文研究》2019 年第 3 期。

林素清（2013）《九店 56 号楚墓第 1—3 号简考释》，李宗焜主编：《第四
届国际汉学会议论文集——出土材料与新视野》，"中研院"，2013 年。

刘次沅、马莉萍（2006）《睡虎地秦简〈日书·玄戈篇〉新探》，《秦文化论
丛》第 15 辑，三秦出版社，2006 年。

刘晶（2020）《两汉数术原理导论》，暨南大学出版社，2020 年。

刘乐贤（1994）《睡虎地秦简日书研究》，文津出版社，1994 年。

刘乐贤（2003）《简帛数术文献探论》，湖北教育出版社，2003 年。

刘乐贤（2006）《楚秦选择术的异同及影响——以出土文献为中心》，《历

史研究》2006 年第 6 期。

刘乐贤（2010A）《战国秦汉简帛丛考》，文物出版社，2010 年。

刘乐贤（2010B）《释孔家坡汉简〈日书〉中的几个古史传说人物》，《中国史研究》2010 年第 2 期。

刘永明（2006）《敦煌道教的世俗化之路——敦煌〈发病书〉研究》，《敦煌学辑刊》2006 年第 1 期。

卢央（2008）《中国古代星占学》，中国科学技术出版社，2008 年。

鲁迅（2005）《鲁迅全集》第 8 卷，人民文学出版社，2005 年。

罗见今（2015）《睡虎地秦简〈日书〉玄戈篇构成解析》，《自然辩证法通讯》2015 年第 1 期。

吕亚虎（2016）《秦汉社会民生信仰研究——以出土简帛文献为中心》，中国社会科学出版社，2016 年。

吕亚虎（2020）《出土秦律中的俗禁问题》，《江汉论坛》2020 年第 9 期。

蒲慕州（2007）《追寻一己之福——中国古代的信仰世界》，上海古籍出版社，2007 年。

齐思和（2000）《五行说之起源》，氏著《中国史探研究》，河北教育出版社，2000 年。

裘锡圭（2007）《释〈子羔〉篇"铍"字并论商得金德之说》，《简帛》第 2 辑，上海古籍出版社，2007 年。

裘锡圭（2013）《文字学概要（修订本）》，商务印书馆，2013 年。

裘锡圭（2014）《长沙马王堆汉墓简帛集成》，中华书局，2014 年。

裘锡圭（2019）《齐量制补说》，《中国史研究》2019 年第 1 期。

裘锡圭（2021）《老子今研》，中西书局，2021 年。

宋华强（2010）《新蔡葛陵楚简初探》，武汉大学出版社，2010 年。

宋会群（2003）《中国术数文化史》，河南大学出版社，2003 年。

孙占宇、鲁家亮（2017）《放马滩秦简及岳麓秦简〈梦书〉研究》，武汉大学出版社，2017 年。

石小力(2015)《楚简字词考释三则》,《江汉考古》2015 年第 3 期。

陶磊(2003)《〈淮南子·天文〉研究——从数术史的角度》,齐鲁书社,2003 年。

田雪梅(2015)《睡虎地秦简〈日书〉、孔家坡汉简〈日书〉比较研究》,西南大学硕士学位论文,2015 年 5 月。

王明钦(2004)《王家台秦墓竹简概述》,邢文、艾兰编:《新出简帛研究》,文物出版社,2004 年。

王强(2018)《出土战国秦汉选择数术文献神煞研究——以日书为中心》,吉林大学博士学位论文,2018 年。

王子今(2003)《睡虎地秦简〈日书〉甲种疏证》,湖北教育出版社,2003 年。

吴承洛(1984)《中国度量衡史》,上海书店,1984 年(据商务印书馆 1937 年版影印)。

邬可晶(2010)《说古文献中以"坐"为"跪(诡)"的现象》,《简帛》第 5 辑,上海古籍出版社,2010 年;又收入氏著:《战国秦汉文字与文献论稿》,上海古籍出版社,2020 年。

吴小强(2000)《秦简日书集释》,岳麓书社,2000 年。

吴振武(2011)《关于新见垣上官鼎铭文的释读》,《吉林大学社会科学报》2011 年第 5 期。

武汉大学简帛研究中心、湖北省文物考古研究所(2021)《楚地出土战国简册合集(五)九店楚墓竹书》,文物出版社,2021 年。

萧毅(2007)《九店竹书探研》,《楚地简帛思想研究》(三),湖北教育出版社,2007 年。

徐富昌(1999)《睡虎地秦简〈日书〉中的鬼神信仰》,《张以仁先生七秩寿庆论文集》,台湾学生书局,1999 年。

徐建委(2017)《文本革命:刘向、〈汉书·艺文志〉与早期文本研究》,中国社会科学出版社,2017 年。

晏昌贵(2010A)《巫鬼与淫祀——楚简所见方术宗教考》,武汉大学出版社,2010 年。

晏昌贵(2010B)《简帛数术与历史地理论集》,商务印书馆,2010 年。

晏昌贵(2020A)《楚地出土日书文献三种分类集释》,武汉大学出版社,2020 年。

晏昌贵(2020B)《日书与古代社会生活》,武汉大学出版社,2020 年。

杨宽(2016)《中国上古史导论》,上海人民出版社,2016 年。

杨琳(1999)《社之功用考述(上)》,《文献》1999 年第 4 期。

杨琳(2000)《社之功用考述(下)》,《文献》2000 年第 1 期。

伊强(2017)《秦简虚词及句式考察》,武汉大学出版社,2017 年。

《云梦睡虎地秦墓》编写组(2017)《云梦睡虎地秦墓》,文物出版社,1981 年。

曾宪通(1981)《楚月名初探——兼谈昭固墓竹简的年代问题》,《古文字研究》第 5 辑,中华书局,1981 年。

曾宪通(1995)《论齐国"遑盟之玺"及其相关问题》,《华学》第 1 辑,中山大学出版社,1995 年。

张显成、周群丽(2011)《尹湾汉墓简牍整理》,天津古籍出版社,2011 年。

张闻玉(2021)《古代天文历法讲座》,广西师范大学出版社,2021 年。

赵平安(2017)《文字·文献·古史——赵平安自选集》,中西书局,2017 年。

赵晓军(2017)《先秦两汉度量衡制度研究》,上海交通大学出版社,2017 年。

周波(2006)《〈九店楚简〉释文注释校补》,《江汉考古》2006 年第 3 期。

周波(2017)《安邑下官钟、荥阳上官皿铭文及其年代补说》,《复旦学报(社会科学版)》2017 年第 3 期。

周世荣(1990)《马王堆汉墓的"神祇图"帛画》,《文物》1990 年第 10 期。

# 后 记

2019 年下半年，凡国栋兄谈起要出一套湖北省博物馆所藏简牍的普及本，问我可否选一二种做一下。当时我正参与睡虎地汉简《日书》的整理工作，也想趁此机会熟悉一下出土"日书"类文献，于是就先选了九店楚简。后于 2021 年年中交稿，只是非常粗略。之后虽续有修订添补，但今年 6 月初收到校样后，也不好再做大的改动，主要是体例上做了尽可能的统一，核对了全部的引文，删除了几处离题的表述。也多亏余念姿编辑的细心编校，改正了原稿中的很多低级错误与疏失之处。

此书的定位是普及类著作，与惯常的学术写作差别较大，因此初稿在写作中把握不够到位，造成体例上很多前后不一之处。虽做了尽可能的修改，矛盾之处怕仍难免，有些论述也难脱拼凑之嫌。且"日书"类文献，与数术关系密切，本人虽然尽力去阅读一些相关著作，但很多问题仍是所知甚浅，此书也算是学习过程中的一点积累与心得，错误与不当之处皆为本人之责。

初稿的写作，是在中国石油大学(华东)工作时完成的，非常感谢当时各位同事的支持。而今来到山东大学，非常感谢文学院提供的优良工作环境，能够让我安静地读书与写作。更要感谢各位师友、同道的支持，使我在专业上能一路坚持。

伊　强

2024 年 6 月 25 日于山东大学知新楼